초등학생을 위한

독서지도방법

박 대 용 지음

초등학생이 쉽고 흥미롭게 읽고 쓰는 방법을
가장 간략하게 서술한 책입니다.

도서출판 태일사

머리말

독서는 어린이에게 매우 중요한 지식과 정보를 주어 기초적 학습력을 신장시켜 주는 역할을 하고 있습니다.

인류는 처음 구전 문화에서 활자 문화, 영상 문화를 거쳐 정보화 사회를 맞이하고 있습니다. 따라서, 정보화 사회에서는 인터넷을 통한 지식과 정보를 얻으면 된다고 하지만 다양하고 확실한 정보를 얻기는 매우 어려울 것입니다.

그래서, 독서 교육에 대한 문제가 심심찮게 학교나 사회에서 논란이 될 뿐만 아니라 학교에 바람직하고 효과적인 독서 지도 체제가 확립되지 못한 가운데서 각급 학교에서는 도서관 신설을 해마다 늘여 가면서 정보화와 조화를 이루려고 물리적인 시스템 확립에 주력하고 있습니다.

독서 교육이란, 학생이 자기를 인식하고 이해한다는 것을 전제 아래 독서를 매개로 하여 자기를 확인하고 자기를 발견하여 실천적으로 자기 계발을 하는 인간 육성을 위해 계획적으로 지도하는 교육적인 활동인 것입니다.

이렇게 독서 교육이란 정보화 시대를 맞이하여서 이와 어떻게 조화롭게 알차게 해야 할 것인가에 대한 생각을 찬찬히 하여야 할 것입니다. 그리고 인간 교육이란 점이 핵심이 되어야 할 것입니다.

다양한 영상 매체와 인터넷에서의 지식을 잘못 수용한다면 초등학교에서의 큰 오류가 상급학교에까지 막대한 영향을 미친다는 것을 이해하여야 할 것입니다. 이를 잘 조화롭게 이루려면 독서에 대한 기초적인 지도 방법을 알고 이에 맞게 계획적인 인간 행동의 변용을 시도하여야 할 것입니다.

따라서, 본서에서는 지도하기 쉽고 빠르게 적용이 가능하도록 하는데 초점을 맞추는데 최선을 다하였습니다. 특히, 읽기는 저학년부터 잘 이루어지지 않는 것이 문제점으로 누적되어 지도하시는 선생님들의 애로가 많아지고 또 글쓰기에 부담을 느끼고 있는 것이 현실입니다.

그래서, 본서의 체제를 이렇게 구성하여 보았습니다.

제1장에서는 독서 지도의 기초, 제2장에서는 독서 지도의 방법, 제3장에서는 글쓰기 지도 방법에 대해 간결하면서 이해가 빠르고 최대한 짧은 시간에 쉽게 읽어서 글쓰기에 자신감을 가질 수 있는 방안을 마련하였습니다.

본서는 초등학교 학생이 흥미있게 읽고 쓸 수 있는 방법과 예시를 주로 하여 실제적인 독서 지도에 최선을 다할 수 있도록 접근을 하는데 힘을 쏟았습니다. 일선 초등학교 독서 지도에 다소 보탬이 될 수 있다면 그 이상의 기쁨은 없을 것입니다. 끝으로 교정을 보아주신 최해옥, 박선영 선생님과 「초등학생을 위한 독서지도방법」이 출판되기까지 편집에서 출판까지 수고하여 주신 태일사 김선태 사장님께도 깊은 감사를 드립니다.

경산 용산을 바라보며 저자 씀

목 차

제1장 독서 지도의 기초 ·· 7

1. 독서의 개념 ·· 7
2. 독서의 목적 ·· 7
3. 독서의 구실 ·· 8
4. 독서 지도의 필요성 ·· 9
5. 독서 지도의 원리 ·· 10
6. 책읽기를 위한 눈동자 훈련 ···································· 11
7. 독서 위생 ·· 12
8. 독서를 위한 동기 유발 방법 ·································· 14

제2장 독서 지도의 방법 ·· 21

1. 아동의 행동 바꾸기 ·· 21
2. 부모의 행동 바꾸기 ·· 23
3. 기본적인 지도 사항 ·· 32
4. 독서의 경험을 살리는 방법 ···································· 53
5. 읽을 거리의 준비 ·· 56
6. 책의 선택과 활용 ·· 61

7. 독서 능력을 높이는 방법 ·· 64
8. 연령별 독서 지도 방법 ·· 66
9. 독서 수준을 재는 방법 ·· 77
10. 읽기 부진아 지도 방법 ·· 95
11. 독서 치료 ·· 104
12. 읽기 능력 신장을 위한 경연 대회 방법 ···································· 114
13. 독서 감상문의 지도 ·· 116

제3장 글쓰기 지도 방법 ·· 127

1. 글쓰기의 기본 지도 방법 ·· 127
2. 학년별 지도 방법 ·· 128
3. 표현력 신장을 위한 지도 방법 ·· 131
4. 글쓰기 지도 방법 ·· 134
5. 동시 지도 방법 ·· 139
6. 논설문 지도 방법 ·· 142
7. 학습부진아 쓰기 지도 방법 ·· 144
8. 일기문 쓰기 지도 방법 ·· 147
9. 원고지 쓰는 법 ·· 159

◆ 참고문헌 / 175

# 제1장　독서 지도의 기초

1. 독서의 개념

　독서라고 하는 것은 '글을 읽는다.' '책을 읽는다.'라는 뜻이지만 이 글이라고 하는 것은 한 권의 책으로부터 한 장의 인쇄 자료 등 그 대상이야말로 다양하다고 할 수 있다. 특히 정보화 시대라고 하는 현대 사회에서 살고 있는 우리들은 단지 글을 읽는 것만이 아니고 보고, 듣고, 생각하는 일들을 동시에 하지 않으면 생활할 수 없을 정도로 변화와 발전을 거듭하고 있다.
　인간이 언어의 전달과 더불어 정보의 교환을 위해서 문자 기호를 발명한데서부터 우리들 인간 생활에서는 읽는다는 행위 즉, 독서가 도입된 것이다. 그러나, 옛날에는 읽는 사람도 제한되어 있고 도서 자료도 희소하였으며 차차 인쇄술이 발달하면서 대중화되는 단계에 이르러서 이제는 정보화 시대와 독서 사회라고도 할 수 있다. 이러한 독서의 개념을 종합하여 본다면 다음과 같이 요약할 수 있을 것이다.
　'독서는 글자를 읽으면서 그 속에 담겨 있는 의미를 자기의 경험과 결부시켜 그 의미를 재구성해 가는 사고의 과정'이라고 할 수 있을 것이다.

2. 독서의 목적

　대학 교수나 초, 중, 고교 교사는 강의 자료 또는 효과적인 지도를 위해서 책을 읽으며, 여행가는 각 지역의 여행 정보를 얻으려고 읽으며, 기술자는 새로운 기술을 얻어내기 위해, 또 가정주부는 더 좋은 음식을 만들기 위해 책을 읽는다. 이처럼 책을 읽는 목적은 사람이나 상황에 따라 다르나 개략적인 독서의 목적은 대체로 다음과 같다.

① 새로운 정보나 지식을 얻기 위해서이다.
② 조사나 연구를 위해서이다.
③ 여가를 즐기기 위해서이다.
④ 수양과 교양을 높이기 위해서이다.

3. 독서의 구실

독서 활동은 문자를 지각하고 일정한 의미를 얻는 사회적, 심리적 구실을 하며 이 과정에서 문자로 되어 있는 책이라는 객체와 독서의 능력과 감정을 가진 독자라고 하는 주체가 존재하며, 이 양자의 교류 활동을 독서 활동 또는 독서의 구실이라고 할 수 있을 것이다.

가. 일반적으로 독자의 행위에 따라서 다음과 같이 독서의 구실을 말할 수 있다.

(1) 정보 자료의 홍수와 정보 전달의 신속을 필요로 하는 오늘의 사회에 있어서 빠르고 정확한 정보를 얻기 위함이다.
(2) 우리들이 생활해 나가는 데는 여러 가지의 의문과 문제에 직면하게 되며 이것을 해결하기 위해서 여러 가지 도서와 참고 도서 등을 읽으며 조사하기 위해서이다.
(3) 여가를 선용해 심신의 피로를 풀기 위해서 독서를 할 수 있다.
(4) 인간은 항상 무엇인가를 얻기 위한 욕망을 가지고 있다. 독서를 통해 갈등하고, 공감하면서 마음의 양식을 얻을 수 있는 구실을 하기 위함이다.

나. 초등학교에서 독서가 어린이들에게 주는 구실은 다음과 같다고 할 수 있다.

(1) 폭넓은 대리 경험을 제공해 줄 수 있다.
(2) 일상 생활과 학습에 필요한 정보나 지식을 제공해 준다.
(3) 생각하는 힘, 즉 사고력을 길러 준다.
(4) 원만한 인간성을 갖게 해 준다.

4. 독서 지도의 필요성

가. 책을 읽는 습관을 기를 수 있다.

글자를 알면서 읽지 않은 어린이는 책을 읽도록 하고, 책을 읽되 독서 생활이 건전하지 못한 어린이는 의도적인 독서 지도를 통해 바로 잡아주는데 있다고 할 것이다.

(1) 독서하지 않는 습관이 굳어질 수 있기 때문이다.
(2) 읽을 거리 선택을 잘못하여 독서 흥미가 편향되거나 나쁜 영향을 받을 염려가 있기 때문이다.
(3) 독서의 보람이 상실될 염려가 있기 때문이다.

나. 독서는 인격이 도야될 수 있다.

나폴레옹은 9세때 코르시카 섬에서 파리로 유학을 하였다. 28세까지 하루 중 수면은 4시간, 나머지 20시간은 정치, 군사 등에 대한 책을 주로 많이 읽어서 프랑스의 황제가 되었다. 위대한 인물은 대체로 독서를 통하여 인격이 도야되었다.

다. 교양과 정보를 얻을수 있다.

책 속에 많은 지식, 정보, 교양이 있으며 어휘도 충분히 얻을 수 있다.

5. 독서 지도의 원리

가. 자발성의 원리

어린이 스스로 책을 읽게 하려면, 어린이들에게 독서 동기를 부여하고 독서한 보람을 만끽하도록 배려해야 한다.

나. 흥미의 원리

독서의 흥미는 어느 분야에 관심이 있느냐, 남녀의 성별, 지역 환경에 따라 변화 할 수 있는 만큼 종합적으로 분석하여 접근하여야 할 것이다.

다. 사회화의 원리

독서는 사회 구성원으로서 원만하게 할 수 있는 내용이 많아 사회 생활 적응에 필요한 독서의 시간을 갖게 하는 것이 사회화하는 지름길일 것이다.

라. 발달의 원리

독서의 과정은 '문자(기호)의 인지 → 문장의 의미 파악 → 글 전체의 구조 이해 → 의미의 체계화'로 나타난다. 따라서 발달 특성에 맞는 독서 지도가 이루어져야 한다.

마. 목적의 원리

책읽기 이전에 독서의 목적을 분명히 하고 책을 읽게 되면 독서의 효과 뿐만 아니라 다음 독서에 대한 의욕과 목적이 뚜렷해 질 수 있다.

바. 종합화의 원리

책만 읽을 것이 아니라, 이와 관련하여 도서 수집 및 정리 활동, 토론 활동, 독서 발표회 등의 활동이 종합적으로 이루어지는 것이 효과적이다.

6. 책읽기를 위한 눈동자 훈련

가. 5대 기초 훈련

(1) 깜박임을 한다.

깜박임은 극히 가벼운 보통의, 상태이고 결코 꼭 감듯이 힘을 주어서 감으면 안된다. 긴 시간을 해도 좋은데 일단 1분으로 하되, 10초에 2~3회의 가볍게 하는 것이 좋다. 깜박임은 눈을 보호하는 가장 기본적인 방법이다.

(2) 중심고시를 한다.

편안한 기분으로 신문의 큰 표제 한자라던가 펜 끝의 문자를 읽는다. 물론 자연스런 깜박임은 필요하며, 1회에 3~5분간 행한다.

(3) 시점 이동을 한다.

어떤 글의 첫 번째 줄을 읽은 뒤, 다시 같은 줄의 머리글자로 돌아가는 방법을 취한다. 또 2~3줄 떨어진 머리 글자를 몇 번이고 되풀이 한다. 그렇게 되면 그 머리 글자가 다른 머리 글자보다 또렷하게 보일 것이다. 이 경우 읽으려고 긴장해서는 절대로 안된다.

(4) 신체회전을 한다

180도 원을 그리면서 눈동자는 반대발 뒤꿈치를 본다. 이때 발은 움직이지 않게 하되 1분간에 16회 정도 한다. 특히 취침 전에 하는 것이 가장 효과적이다.

(5) 시(視) 시력표를 읽는다.

1.5~3m 떨어져서 편안한 기분으로 다리를 15cm벌리고 서서 작은 글자를 몇 번 읽고 한 문자마다 깜박임을 한다. 이러한 동작을 반복해서 5분간 행한다.

나. 근시를 고치는 4대 훈련

(1) 5대 기초 훈련을 한다.
(2) 눈의 일광욕을 1일 5분간 한다(태양 일광욕이 가장 좋다. 눈감고 해보기)
(3) 35cm 떨어져서 책을 거꾸로 읽는다.
(4) 안경을 벗고 운동한다(테니스, 베드민턴, 핸드볼)

다. 난시를 고치는 3가지 훈련

(1) 5대 기초 훈련을 한다.
(2) 가까운 곳을 보는 훈련을 하되, 35cm에서 한 줄에 2회 깜박임을 하고 5~10분간 읽는다.
(3) 수직 방향의 시점 이동을 하되 3~5분간 행한다.

라. 원시를 수정하는 4가지 훈련

(1) 5대 기초 훈련을 한다.
(2) 눈에서 문자를 35cm 띄우고 한 줄에 2회씩 깜박임을 하면서 읽는다.
(3) 가능한 작은 활자를 읽도록 한다.
(4) 작은 글자를 읽되 5대 기초 훈련을 병행한다.

마. 사시를 고치는 3대 훈련

(1) 5대 기초 훈련을 한다.
(2) 사시가 아닌 눈에 안대를 낀다. 나쁜 눈을 강제적으로 사용하는 것이다.
(3) 근시, 원시의 훈련을 병행해서 훈련을 한다.

7. 독서 위생

가. 올바른 독서 자세

(1) 목의 힘을 빼고 턱을 약간 당긴다.

(2) 허리를 곧게 세우고 등을 바르게 하며, 의자의 등받이에 기대지 않도록 한다.
(3) 다리는 자연스럽게 하되 꼬지 않는다.
(4) 눈과 책의 거리는 30~40cm를 유지한다.
(5) 가급적 책의 받침대를 사용한다.
(6) 무릎은 직각으로 유지한다.
(7) 가슴을 펴고 책과 정면의 자세를 취한다.
(8) 누워서 읽거나 엎드려서 읽지 않도록 한다.
(9) 책과 시선의 각도는 90도 정도가 되도록 한다.
(10) 내용을 이해하며 끝까지 다 읽는 습관을 갖도록 한다. 책에 나온 그림은 내용을 이해하는데 도움이 되도록 보게 하고 그림에만 정신을 쏟지 않도록 한다.
(11) 읽은 뒤 감명 깊었거나 좋은 책은 친구에게도 권하여 보도록 한다.

나. 독서를 위한 조도

(1) 500룩스(20W의 형광등으로 방 전체를 조명하고 책상 위 50cm의 거리에 40W스탠드를 갓 씌워 설치한 밝기)가 적당하다.
(2) 글자가 너무 작을 때는 스탠드를 60W 정도 밝게 해 준다.
(3) 눈에 직접 빛이 닿게 하지 않는다.
(4) 낮에는 직사광선을 피하고 그늘에서 읽는다.

다. 독서 장소

(1) 버스나 걸어가면서 책을 읽지 않고, 소음이 들어오거나 직사광선은 피하도록 한다.
(2) 실내는 통풍이 잘 되며, 안정된 색채 즉, 담황색, 연록색, 연회색 등이 바람직하다.

라. 독서 시간

(1) 독서 시간은 대체로 다음과 같이 한다.

구분	초등 1,2학년	초등 3,4학년	초등 5,6학년	중,고등생
시간	20~30분	30~50분	50~60분	60~100분 이상

(2) 때때로 휴식을 10 ~ 20분 갖도록 한다.
(3) 식사 중과 식사 후 바로 독서를 하지 않도록 한다.
(4) 자기 일과 중에서 독서를 하고 싶은 시간에 하도록 유도한다.

마. 책장 넘기기

(1) 침을 바르지 않는다.
(2) 엄지와 검지를 이용해서 책의 윗 부분을 넘기도록 한다.
(3) 책을 읽기 전후에 손을 씻도록 한다.

8. 독서를 위한 동기 유발 방법

> 동기 유발 없이는 독서가 불가능하다. 가장 흥미를 유발시키는 것은 배가 고플 때 음식을 주는 방법으로 유인을 하여야 한다.

가. 이론적 배경

동기의 중요성은 아무리 강조해도 지나치지 않다. 여러 연구들은 어린이들이 글을 이해하려는 진실한 동기가 있을 때 높은 수준의 자료를 이해할 수 있다는 것을 보여 주고 있다. 이상적으로 이런 동기 유발은 진지한 흥미의 형태를 취하게 된다. 그러나 동기 유발에 영향을 주는 다른 요인들이 있다.

Dulin(1978)은 구체적 과제를 읽는 동기는 다음과 같은 비율로 나타낼 수 있다고 하였다.

$$동기 = \frac{기대된 보상}{기대된 노력}$$

어린이들은 보상에 대한 기대 때문에 동기가 유발될 수도 있는 경우가 많다. 또한 노력이 너무 크게 되면 보상은 낮아지기 마련이다. 보상과 노력 사이의 이런 관계는 비율이기 때문에 동기는 보상을 늘리거나 노력을 줄임으로써 증가될 수 있다. 동기에 영향을 주는 모든 것은 이런 요소들 하나하나의 영향이라고 할 수 있다.

(1) 동기의 유발을 증진시키기

① 규칙적인 보상 제공
② 흥미있는 활동 제시
③ 공정한 평가 제시
④ 높은 성공 과제 제시
⑤ 의도적인 상황에 학생 참여 시키기
⑥ 질문에 어린이 참여 시키기
⑦ 의미있는 읽기 과제의 사용

(2) 기대되는 노력 감소시키기

① 배경 정보 제공
② 구체적인 목적 제시
③ 과제 사전 검토
④ 어휘 사전 검토
⑤ 읽기 전략과 기능 토의하기
⑥ 긴 장(章)을 보다 짧은 과제로 나누기

교사는 제시하는 모든 읽기 과제에서 동기를 불러일으킬 수 있도록 해야 한다. 이렇게 하는 시간은 상황에 따라 다르다. 그러나 교사는 항상 읽기의 목적을 제시해서 동기 유발을 활성화시켜야 한다. 여기서 토의나 인터뷰, 문제 해결, 또는 흥미 있는 질문에 답변을 준비하는 것을 포함시킨다. 결코, "~쪽을 읽어라."와 같은 말을 하지 않아야 한다. 어떤 어린이라도 그런 말에 동기 유발이 될 수가 없을 것이다.

또, 교사들이나 부모들은 비형식적으로 직접 질문을 하거나, 어린이의 행동을 관찰함으로써 구체적인 과제에 대한 동기를 측정할 수 있다. 대부분의 어린이들은 그들이 어떻게 느끼는지를 교사나 부모에게 알리려고 할 것이다. 교사나 부모는 읽기 방법에 제시된 도구 중의 하나를 사용함으로써 일반적으로 어린이들의 읽기 태도를 알 수 있다. 그 다음에 학생들을 부정적인 태도에서 적극적인 태도로 이끄는 데 도움을 주는 경험을 제공할 수 있을 것이다. 부정적 태도는 여러 해에 걸쳐 누적적으로 형성되고, 그것을 변화시키는 데는 적잖은 시간이 필요하다는 것을 기억해야 할 것이다.

다음은 독서 동기 유발을 하는 구체적인 예를 들어 본다.

① 책의 중요성, 주위 환경(학교에서 독서 풍토 및 가정에서 독서할 수 있는 환경 조성과 전 가족이 책 읽는 습관 조성이 필요함)에 많은 관심과 배려가 필요하다.

② 정보화 사회는 독서를 병행해야 조화롭고 정확하게 확고한 지식을 얻을 수 있음을 인지시키고 이를 실천하는 사람만이 성공할 수 있음을 강조해야 한다.

③ 직접적인 동기 유발
  ㉮ 이야기를 하여 주고 이러한 재미있는 것이 책에 있다는 것을 강조한다.
  ㉯ 스토리 텔링(story telling)
    ⅰ) 소재 선택의 방법
      줄거리가 단순하게 진행되면서 기승전결(起承轉結)이 명확한 것이어야 한다.
    ⅱ) 이야기하는 사람의 조건은 상상력이 풍부해야 한다.
      • 한 번 읽고 이야기 전체를 파악해야 한다.
      • 이야기의 줄거리를 몇 개의 장면으로 나누어 보도록 한다.

- 이야기의 장면을 그림으로 기억해 보게 한다.
- 등장 인물의 성격, 또는 이를 그림화 할 수 있도록 하여 본다.
- 이야기의 발단 부분과 종결 부분이 원활하게 진행되도록 그 부분만 진행되도록 기억해 둔다.

iii) 아늑한 환경을 조성해야 이야기 속으로 빠져들 수 있을 것이다.

㉰ 북 토크(book talk)

이야기를 들을 수 있는 단계로 책을 소개해 주는 것이며, 5~10권 정도 소개하는 것이 좋다.

(3) 독서 흥미의 발달

① 2~6세(그림책) : 다소 입문적인 '과학 그림책' 글자 공부의 준비 단계를 형성하기 위하여 '한글 그림책' 10 이상의 수를 가감한 '숫자 그림책' 등으로 전개해서 지도한다.
② 6~8세(우화기 시기) : 대표적인 것이 이솝우화라고 할 수 있다.
③ 8~10세(창작 동화) : 창작 동화, 영웅 이야기(신화, 전설 등을 포함)나 초보적인 과학책이 좋다.
④ 9~13세(환상적인 이야기) : 아라비안 나이트나 걸리버 여행기 등이 흥미를 유발한다.
⑤ 11~13세(아동 문학) : 보물섬, 톰소여의 모험 등 소년과 영웅을 등장시킨다.
⑥ 12~13(스포츠 이야기) : 스포츠에 관한 내용이 관심이 많을 수 있다.
⑦ 12~15세 : 감상적이거나 발명, 발견 이야기를 선정해야 효과적이다.
⑧ 14세 이상은 대체로 문학기로 보아야 할 것이다.
⑨ 17세 이상은 사색기로 보고 Maslow의 욕구 발달 단계에서 볼때 이성에 대한 욕구가 강렬해지므로 이에 대한 내용이 필요하다.

(4) 지도상의 유의점

① 구체적 과제에 대한 동기 유발을 위한 일반적 제안

㉮ 어떻게 어린이들을 동기 유발시킬 것인가에 관한 생각 없이 결코 읽기

과제를 제시하지 않도록 한다.
㉯ 잘못을 벌주기 위해 읽기 과제를 내주는 일이 없도록 한다.
㉰ 가능한 칭찬(보상)을 많이 해야 한다
㉱ 어린이들에게 왜 책을 읽는지, 그리고 무엇을 읽는지를 확인시켜야 한다.
㉲ 읽는 동안 학생들이 배운 것을 활용하도록 하는 읽기 과제를 연이어 제시한다.
㉳ 재미있는 읽기 목적을 제시함으로써 모든 읽기 과제를 적절하고, 의미 있고 유용하게 수행하도록 한다.
㉴ 필요할 때 어린이들이 흥미를 가지고 있는 읽기 자료를 활용하도록 해야 한다.
㉵ 필요할 때 그 자료들이 미래에 얼마나 유용한 것인가를 어린이들에게 보여 주어서, 필요성을 느끼도록 하여 준다.
㉶ 모든 사람이 그 자료에 관심이 있다는 것을 보여 주어야 한다.
㉷ 학생들은 각자 모두 성공할 기회를 가지고 있다는 것을 믿도록 한다.

② 읽기 태도 개선을 위한 일반적인 제안
㉮ 교사와 어린이들이 모두 똑 같은 책을 읽고 그것을 함께 토의하며 인물과 구성에 대한 관심과 견해를 나눌 수 있도록 같은 책을 충분히 구입도록 한다.
㉯ 좋아하는 노래의 가사를 읽고 녹음기를 따라 노래를 불러보게 한다. 어린이들은 아마 그 가사에 익숙해져 있기 때문에 노래 가사는 읽기 자료로서는 훌륭한 자료가 될 것이다.
㉰ 지방의 신문을 읽기 자료로 많이 활용한다. 국제도서학회(IRA)는 전략에 관한 좋은 책을 출판한 바 있다(신문을 통한 읽기 지도 : Arnold B. Cheyney, 1984).
㉱ 일과 즐거움을 위한 읽기가 사람들에게 어떻게 유익한가에 관해 설명해 줄 전문가 또는 1일 교사를 초청하여 책읽기의 중요성을 인식시킨다.
㉲ 어린이들로 하여금 책에 관한 자신의 독서 카드를 만들도록 한다. 카드

에는 저자, 제목, 그리고 자신의 평가가 들어 있는 …… 누가 그 책을 좋아하고 싫어하는지, 왜 좋아하고 싫어하는지 …… 책에 관한 간단한 요약을 써 넣도록 한다.
- ⑪ 어린이들이 높은 관심을 보이는 책을 읽게 한다. 읽기의 즐거움을 모형화하고 어린이들에게 유형과 어휘를 보여 준다. 이런 절차는 중·고등학교에 가서도 이용할 수 있는 방법일 것이다.
- ⑭ 읽기 자료로 TV 자료를 이용을 한다. 어린이들에게 프로그램을 선택하고 개요를 읽게 한다.
- ⑯ 어린이들의 이야기를 테이프로 만든다. 이런 테이프는 가족들에게 이용할 수 있을 뿐만 아니라 지역이나 학교 도서관에 비치할 수도 있을 것이다. 테이프를 듣고 이야기 개요를 쓰면 읽기와 쓰기에 상당한 도움을 줄 수 있으므로 꼭 실행에 옮긴다.
- ㉠ 책읽기를 고무시키는 좋은 방법은 시범을 보이는 것이다. 어린이들은 동일시가 강하므로 교사나 부모가 항상 책상 위에 책을 놓아두고 묵독하는 시간을 가지도록 한다.
- ㉡ 부모들은 자녀들이 읽기에 관심을 가지도록 하는데 도움이 되는 팜플렛을 이용하도록 한다. '읽기 기초위원회(RIF : Reading is Fundamental)'는 부모들이 가장 자주 제기하는 질문에 기초해서 다음과 같은 네 개의 팜플렛을 출판한 바 있다.

① '자녀들을 위한 좋은 책 선정하기', ② 'TV와 읽기', ③ '자녀들에게 큰 소리로 읽어 주기' ④ '책 읽기를 자극하는 낙관적이고 자유로운 활동'의 등의 네 가지이다.

# 제 2 장   독서 지도의 방법

1. 아동의 행동 바꾸기

세계적인 대문호 헤밍웨이도 '세상에서 가장 힘든 일은 글쓰는 일'이라고 했다. 헤밍웨이는 20회도 넘게 고쳐서 가까스로 노트 1쪽의 글을 썼다고 할 정도로 세심했다. 독서를 할 수 있도록 다음과 같이 도와주어야 한다.

가. 가보지 못한 장소 방문 후 이야기 나누기, TV 교육 프로그램 활용, 체험 학습 보고서는 큰 소리로 읽게 한다.

(1) 그림, 공작 작품을 똑같이 그리거나 만들기를 하도록 한다.
(2) 피즐 맞추기, 진흙이나 벽돌 등을 가지고 놀게 한다.
(3) 동요 읽기, 말한 내용을 다시 말하게 하여 본다.
(4) 도서관에 자주 데리고 다니며 글을 읽지 않을 시, 화려한 디자인이 있는 책을 안겨준다.

나. 적극적인 독서를 장려한다.

(1) 책읽기 전

　(가) 책표지나 그림 등을 보여주며 어떤 내용인지 추측하게 한다.
　(나) 책의 제목과 지은이의 이름을 정확히 알게 한다.

(2) 책을 읽으면서

(가) 그림을 주며 등장 인물을 구별하고 어떤 상황이 벌어지고 있는지 말하게 한다.
(나) 시를 읽어줄 때는 운율을 즐길 수 있도록 배려한다.

(3) 책을 읽은 후

(가) 처음 상상한 내용과 실제 내용이 어떻게 다른지 알게 한다.
(나) 그림, 등장 인물, 줄거리 등에 어떤 의견을 갖고 있는지 물어 본다.

> 세계적인 대문호도 글쓰는 일을 고달프게 생각하였으나 이를 극복하여 성공한 사례로 암시해 주고 있다.

다. 그림을 보고 이야기를 하게 한다.

(1) 첫 페이지부터 어린이에게 등장 인물이 누구이고 장소(배경)가 어디인지 물어본다.
(2) 책장을 넘겨주거나 어린이에게 직접 넘기게 하여 각 장마다 어떤 내용인지 물어본다.
(3) 마지막으로 어떤 일(해피엔드 또는 이야기가 마음에 드는가?)이 일어났는지 알아본다.
(5) 줄거리를 이야기 하는 것은 처음부터 잘 못한다는 것을 인식하고 끈기를 갖고 시켜 본다.

라. 자녀가 직접 책을 비평하게 한다.

(1) 이 책은 좋은 책인가? 누구에게 권할 수 있는 책인가?
(2) 이 이야기가 현실에서 나타날 수 있을까?
(3) 등장 인물은 진짜 사람처럼 말하고 행동하는가?

(4) 이야기의 배경을 직접 그려볼까?
(5) 이 책에 흠뻑 빠질 수 있었는가?
(6) 결말은 이치에 맞는가?
(7) 지은이의 주제는 말이 되는가?
(8) 이 책은 흥미로웠나? 재미있었나? 황당했었나?

마. 책과 실생활을 연관시킨다.

(1) 우리가 농장에 갔던 일 생각나니? 책 속의 농장과 비슷하지 않니?
(2) 이 이야기 속의 사막은 우리가 사는 곳과 어떻게 다르나?
(3) 너에게 이런 일이 일어난다면 어떻게 하겠니?
(4) 네가 책 속의 인물이라면 이 사건을 어떻게 해결하고 싶니? 또는 해결할 수 있을까?

바. 궁금증은 어린이가 풀어보게 한다.

어려운 낱말 등은 인터넷이나 사전을 찾아보도록 책상 옆에 항상 사전을 놓아 두도록 한다.

2. 부모의 행동 바꾸기

가. 자녀의 어휘와 문장력을 높일 수 있는 외출을 한다.

박물관 방문, 영화 감상, 축제, 동물원, 연극, 서커스, 산책, 음악회, 거리 박람회, 식물원, 스포츠 경기, 놀이 공원 등.

나. 독서 환경을 만들어 준다.

밝은 조명이 흐르는 조용하고 편안한 개인적 공간이 매우 좋다. 또 시간을 주어야 한다(친구, 동·식물, 책과 놀게 함).

다. TV 시청은 계획적으로 한다.

시청 후 느낌을 말하도록 유도한다.

라. 한 가족이라도 모두 다르듯이 '다름'을 인정해야 한다.

(1) 선한 어린이를 선하게 대하고 선하지 않는 어린이도 선하게 대함이 중요하다. 이것이 진정한 선(善)이다.
(2) 믿음직한 어린이를 믿고 믿음직하지 못한 어린이도 믿는다. 이것이 진정한 믿음(信)이다.
(3) 열려 있는 하늘과 같이 어린이들이 스트레스를 받지 않게 한다. 단 긍정적 스트레스는 받게한다(책을 읽고 난 후의 성취감 등).

마. 여유를 가지고 지도해야 한다.

(1) 교사와 부모는 어린이를 있는 그대로 볼 수 있어야 한다. 가능성을 믿고 항상 사랑하고 칭찬하며 격려해야 한다.
(2) 읽기 학습장애가 있을지도 모르는 일이니 여유를 가지고 지켜보아야 한다.

바. 자립심을 길러 주어야 한다.

작은 일도 혼자서 처리 못하는 어린이가 글을 쓸 수는 없다. 작은 일부터 자신이 할 수 있도록 하는 것이 중요함을 일깨워 준다.

사. 무엇을 쓸 것인지를 명확히 알게 해야 한다.

어떤 내용에 대해 쓸 것인지 먼저 생각하고 난 다음 글의 개요를 먼저 써보게 하는 것이 가장 중요하다.

글 쓸 제목이 '한글날'이라고 했을 때

> ① 제목 … 우리의 글
> ② 개요① - ㉠ 세계의 문자(영어, 히브리어, 한자, 프랑스어, 독일어, 일본어……등)
> 　　　　　　유럽 대륙의 문자(서양) - 그리스, 로마, 키릴문자
> 　　　　　　아시아 대륙의 문자(동양) - 한자
> ③ 개요② - ㉠ 한글의 특징
> 　　　　　　㉡ 한글의 우수성
> ④ 개요③ - 우리의 글은 우수하므로 길이 보전하고 발전시키자.

아. 책을 읽은 후 산 경험을 많이 갖게 해야 한다.

(1) 책을 읽는 것도 큰 경험이며 창의성을 기르는 좋은 방법이다.
(2) 책을 읽은 후 이에 대한 산 경험은 더욱 상상력을 풍부하게 한다.
　예) 말에 대한 이야기 → 말을 보거나 경마장에서 타 보기
　　　역사, 고적 이야기 → 현장에 가 보기 등

자. TV를 멀리하게 해야 한다.

TV는 수동적인 인간으로 만들어 간다. 앞으로는 더욱 자동화 시대가 가속화되고 있다. 그러나 수동적이고 방관적인 어린이로 키우지 않고 직극적이고 창의적인 사고를 가지게 하려면 TV를 멀리하도록 유도해야 할 것이고 공부방에는 TV나 컴퓨터를 설치하지 않도록 한다(설치는 거실에 함).

차. 순종을 강요하지 않는다.

아무 생각 없이 쓴 글은 아무리 아름다운 표현이라도 사람을 감동시키지 못한다. 글 솜씨가 평소에 뛰어나도 조리 있게 자기 생각을 표현하는 훈련이 되어 있지 않으면, 남을 감동시키는 훌륭한 글을 쓸 수가 없음은 말할 것도 없을 것이다.

부모가 어린이에게 순종적인 태도를 강요하면 스스로 생각을 억압하게 되어

끝내는 생각하는 능력까지 잃어버리는 결과를 초래하게 될 수도 있다.

카. 말을 한다는 것은 글을 쓸 줄 안다는 것이다.

(1) 어린이들의 목소리를 녹음한다.
(2) 녹음한 내용을 그림을 그리거나 잡지를 오려붙여 책을 만들게 한다.
(3) 차차 그림을 글로 대체하게 한다.
(4) 맞춤법이 어긋나거나 표현이 부족해도 만족해야 한다.
(5) 개인 문집에 옮겨 쓰되 그림으로 예쁘게 꾸며 보게 한다.

> 이 때 스스로 하게 하고 항상 칭찬을 하여 주어야 한다. 어린이는 칭찬과 격려 속에 자라며 글쓰기 능력도 자연스럽게 향상될 수 있다.
> 독서능력은 아무에게나 잠재되어 있기 마련이다. 누가 책을 많이 읽고 체험을 많이 했느냐에 달려 있다고 할 것이다.

타. 자녀의 독서 수준을 높이려면 수다쟁이가 되어야 한다.

> 이 때 스스로 하게 하고 항상 칭찬을 하여 주어야 한다.
> 어린이는 칭찬과 격려 속에 자라며 독서 능력도 자연스럽게 향상된다. 독서 능력은 누구에게나 잠재되어 있다. 누가 책을 많이 읽고 체험을 많이 했느냐에 달려 있다.
> 옛날 중국의 사마은공은 '돈을 모아 자손에게 넘겨주어도 자손이 다 지켜내지 못하며 책을 모아 자손에게 남겨 주어도 자손이 다 읽지 못하므로 남몰래 선한 일을 많이 하여 자손의 앞날을 계획하라.'고 하였다.
> 선한 일 중에는 '생각하는 능력'을 키워주는 것도 그 일부인 것이다. 요즈음 가전 제품이 모두 자동화되어 할 일이나 생각하는 일이 줄어지고 TV를 보는 시간에는 말할 기회, 들을 기회, 읽을 기회 즉 생각할 기회를 모두 빼앗아 버리게 된다. 그래서 생각하는 힘을 기르기 위해서 또 공부를 더욱 잘 할 수 있게 하기 위해서는 독서가 가장 중요한 것이다.

갓난아기 때부터 말을 많이 듣고 자란 어린이는 그만큼 빨리 말을 배우게 된다. 어린이의 언어 능력을 높이려면 의식적으로 어린이 곁에서 혼잣소리를 중얼거려도 좋고, 동화책에서 읽은 이야기를 들려 주어도 좋다. 이렇게 하면 상상력이 풍부해지고 사고력과 이해력도 높아지게 된다. 자녀에게 이야기를 들려주는 가장 좋은 시기는 잠들기 직전이며 부모의 포근한 사랑을 느끼면서 잠들 수 있으며 똑같은 이야기를 여러 번 들려 주어도 상상력, 사고력, 이해력을 높이는 데는 문제가 없을 것이다. 초등학교에서 공부를 잘했다가 중학교에 가서 떨어지는 까닭은 어휘력 부족에 있으며 이는 외우게끔 하여야 한다. 교과서 글을 그대로 외우게 해도 좋은 방법이다. 책은 어휘력의 보물창고이며 부모가 책을 읽어 주거나 책을 많이 읽게 하되 쉬운 책부터 천천히 읽히고 느낌을 말할 수 있게 하여야 한다. 자동차를 운전할 때도 장애물이 많은 도로는 피하고 싶듯이 모르는 낱말이 많은 책은 읽지 않으려 하는 것이 어린이들이다. 책은 어린이의 수준에 맞는 것이어야 한다.

파. 사랑만 주지 말고 고생할 자유도 주어야 한다.

대개는 누구나 두 살이면 독립심이 싹튼다. 아무리 밥상에 밥알을 흘려도 혼자 먹게 해야 한다. 어릴 때부터 하나에서 열까지 모든 일을 챙겨줘 완전히 의존형이 되었을 때 성격까지도 나빠지는 경향이 아주 많다. 미운 자식 떡 하나 더 주고, 예쁜 자식 매 한 대 더 때린다는 말이 있듯이, 진정으로 어린이를 사랑한다면 고생하는 자신을 이겨낼 수 있는 기회를 많이 주어야만 한다.

하. 영상 문화가 텅 빈 머리를 만든다.

(1) TV를 많이 보면 이기주의자가 되기 쉽다.

텔레비젼은 리모콘으로 마음대로 작동해서 보기 때문에 습관이 몸에 베게 되면 사람을 대할 때도 제 뜻대로 안되면 참아내지 못하는 성격이 된다. 더구나 생각을 많이 해가면서 읽어야 하는 책도 멀리하게 되고 학습 태도도 나빠지게 된다. TV에 중독된 어린이는 수업 내용의 이해가 안되면 알려고 노력하기는 커녕 리모콘을 눌러 채널을 바꾸듯, 생각을 다른 대로 돌려버리기 쉽게 된다.

(2) 인내심이 부족해진다.

드라마에서 30~40분 만에 사랑에 빠져 아이를 낳는 경우를 볼 수 있다. 책은 여러 번 읽거나 차근차근 생각하면서 읽어야 내용을 알 수 있을 것이다. 이러한 책을 읽지 않거나 쉽게 영화를 보고 내용을 이해하려 드는 습관이 생겨 참고 견디는 힘이 없어지게 한다.

(3) 자아 훈련이 안된다.

책을 쓴 사람의 사유를 자기 것으로 만들어 가는 과정을 독서라고 하며 자신의 사유를 글로 펼쳐 보이는 과정을 글쓰기라고 한다. 이 두 가지를 할 때는 자기 감정을 스스로 다스릴 수 있는 능력 즉, 잡념이나 공상에 빠져서는 안됨을 충분히 인지시켜야 한다.

(4) 생각하는 능력을 감퇴시킨다.

너무 고단하여 아무 것도 생각하기 싫을 때 별 생각을 하지 않고도 눈으로만 즐길 수 있는 TV나 보고 맘껏 쉬고 싶어지는 것이 어린이의 모습이다. 그러나 생각하는 능력은 그냥 두면 감퇴하게 한다. 몸도 음식을 섭취해야 자라듯이 생각하는 능력도 많이 생각할수록 발달하게 된다.

(5) 상상력이 둔해진다.

수업을 듣거나 책을 읽을 때는 상상력을 끝까지 발휘해야 한다. 그러나 TV는 모든 것을 그 자리에서 환히 보여주기 때문에 상상력이 들어설 여지가 없게 되어 버린다(그래서 TV를 바보 상자라고도 함).

(6) 책임감이 없어진다.

TV는 한 번 보면 끝이나 책은 앞 내용을 알아야 다음 내용으로 넘어 갈 수 있으므로 책임이 필요하게 되는 것이다.

(7) 수동적 성격이 된다.

TV를 본 팀과 안 본 팀을 공부하게 한 결과 안 본 팀이 2배나 적극적인 태도로 공부한 연구 결과가 나왔다. 꼭 필요한 TV보기는 공부한 후에 보게 하도록 습관화시켜야 한다.

거. 서구식 육아법이 자녀를 오락광으로 만든다.

심리학에서는 태아가 모체에서 분리되면 불안감이 시작된다고 보고 있다. 서구 사회에서 혼자 자란 아이가 독립심이 커 보이지만 속으로는 뿌리 깊은 불안감이 곪아있는 경우가 많은 경향이다.

태어나면서 옆방에서 재우거나 자립심의 지나친 강조는 정서 불안이 와서 자신의 심리 상태와 비슷한 공포, 잔인함 등의 현란한 컴퓨터 게임으로 중독 현상을 일으키게 된다. 컴퓨터 게임을 많이 한다고 잔소리해도 아무런 소용이 없게 된다. 틈만 나면 어린이에게 관심을 갖고 좋아할 만한 책을 읽히는 것이 컴퓨터 게임보다 훨씬 즐거운 일임을 알게 해야 한다.

하루아침에 그만 두게 한다는 것은 어려우며 책을 다 읽고 나면 20분간 게임을 할 수 있게 하여 단계적으로 고쳐 나가야 한다.

너. 살이 되고 피가 되지 않는 책도 있게 마련이다.

> "우리 ○○는 책을 무척 좋아해요. 하지만 주로 읽는 책이 만화책 같은 흥미 위주의 책이랍니다. 명작을 읽으라거나 학교 공부에 관련이 된 책을 읽으라고 하면 거부하지는 않지만 제가 좋아하는 만화책 만큼 열심히 읽지는 않아요." 어느 어머니의 하소연이다.

독서는 양보다 질이 중요함을 되새기도록 해야 한다.

(1) 신문, 잡지, 참고서를 보는 것은 정보 수집을 위한 독서이므로 빨리 읽고 내용을 요약하는 습관이 필요하다.
(2) 오래 오래 생각하고 감상해야 할 시 읽기는 언어의 미를 읽는 독서가 됨을 알고 이에 흥미를 갖도록 적극적인 지도가 필요하다.
(3) 꼼꼼하게 구석구석까지 읽는 지식 탐구를 위한 독서는 성취감을 맛보도록 유도해야 한다. 수학 문제를 풀지 못하다가 풀게 될 때 그 기쁨은 이루 말할 수 없는 성취감을 맛보듯 독서는 성취감을 얻을 수 있게 해야 한다.
(4) 논설문을 많이 읽을 수 있도록 하여야 한다. 판단 및 종합 능력과 창의력을 기를 수 있다. 독서의 가장 중요한 목적은 생각하는 능력을 기르는데 있다. 어릴 때 두뇌 발달이 가장 왕성하므로 생각이 굳기 전에 책을 많이 읽게 해야 한다. 두뇌 개발 연구소나 클리닉에서도 나이가 어린 학생에게는 다른 무엇보다도 독서에 중점을 두고 지도하고 있음을 인지해야 할 것이다.

더. 대강의 뜻을 간추리는 능력이 필요하다.

(1) 책 제목을 보고 글쓴이의 의도를 추측해 보도록 한다.
(2) 머리말 및 몇 문장만 읽어보면 보통은 그 내용을 짐작할 수 있게 지도한다.
(3) 서론 부분을 자세히 읽도록 한다. 글쓴이의 의도가 있기 때문이다.
(4) 차례를 보면 책이 어떻게 구성되어 있는지 알 수 있으므로 이를 강조한다.
(5) 그림이나 도표는 글보다 자세히 읽는 습관을 들이도록 한다.
(6) 결론에는 글쓴이의 요점이 있으므로 차근차근 읽게 한다.
(7) 요점 잡기
　(가) 뜻이 담긴 단어 찾기 훈련을 한다.
　예를 들어 '옛날 옛날 어느 마을에 삼형제가 살고 있었습니다.'의 문장에서 중요한 단어는 '삼형제'로 파악하면 쉬워짐을 이해시킨다.
　(나) 어린이 생각과 끝 문장을 비교해 보게 한다.
　어린이가 생각해 낸 요점과 글의 끝 문장을 비교하여 뜻이 잘 통하지 않으면 요점을 잘못 잡아낸 것으로 생각하여야 한다.

러. 부모가 책을 좋아하시면 자녀도 책을 좋아하게 된다.

어린이에게 책을 읽게 하고 부모는 TV를 본다면 반발심을 일으키기 마련이다. 어린이의 수준에 알맞은 책을 부모가 읽는 것이 바람직하다. 쓸데없는 장식물로 실내 꾸미기보다는 신문, 잡지대, 서가로 장식하는 것이 매우 좋을 것이다.

(1) 독서 능력이 1~2년 떨어진 자녀는 부모가 함께 읽어야 한다. 먼저 책을 읽기 전에 책과 똑같은 테이프를 몇 번 들려주고 책을 읽게 해야 한다. 이때 반드시 쉬운 책을 선택함을 명심해야 한다.
  (가) 책을 읽을 때는 소리내어 읽게 한다. 테이프로 따라 읽게 하거나 부모가 먼저 읽고 뒤에 따라 읽도록 하는 방법도 좋을 것이다.
  (나) 책을 읽은 후 요점을 간추려 말하는 습관을 들이게 한다. 처음에는 서툴더라도 잘 했다고 격려해 주어야 한다.
(2) 독서 능력이 2년 늦게 뒤처진 자녀는 독서 능력보다는 정서에 문제가 있기 쉽다. 매사에 자신감이 없고 친구와도 잘 사귀지 못하게 된다.
  (가) 먼저 대화를 많이 나누되 어린이에게 말할 기회를 더 많이 주어야 한다. 마음에 들지 않아도 차분히 들어주고 문제성을 파악하여 맞추어 지도하거나 심각하면 정신과 의사의 진단을 받아보는 것이 좋다.
  (나) 쉬운 책 중에서 자신의 처지와 비슷한 주인공의 책을 읽게 해 본다.

머. 책을 읽지 않으려는 어린이는 분위기를 잡아 주어야 한다.

독서 능력에 문제가 있는 자녀는 다음과 같은 경우일 수가 있다.
(1) 독서 자체를 귀찮아 한다.
  책을 읽으라고 주면 마지못해 받기는 하지만 몸을 비비틀거나, 읽어도 집중하지 않고 줄 곧 몇 페이지가 남았는지 세어보는 경향이 많다.
(2) 시간이 없다는 핑계로 읽지 않으려 한다.
(3) 책을 주면 늘 어렵다는 말만 되풀이 한다.
  충분히 읽을 수 있는 것도 어렵다고 말하는 경향이 많다.

(4) 읽지 않고 다 읽었다고 둘러댄다.

자꾸 읽으라고 하면 흥미를 느끼지 못하면서도 솔직하게 '재미없다.'고 하지 못하고 손에 들고 다니면서 읽고 있다고 하는 경향이 많다.

> 강요하면 당장 효과는 있을지 모르나 긴 안목으로 볼 때 역효과를 초래한다. 단시일 안에 고치기 어려우며 늘 책을 가까이 하는 버릇을 들이도록 해주는 것이 좋다.

3. 기본적인 지도 사항

가. 뇌를 써야 한다.

머리도 근육과 마찬가지로 사용하지 않으면 퇴화한다(미국의 심리학자 존 캔저스는 샌프란시스코 지역에서의 조사 결과 IQ 평균을 10년 동안에 101.7에서 113.3이 되고 다시 그 뒤 15년, 즉 39세~44세가 되었을 때 130점이 된다고 하는 것은 뇌를 쓰게 되면 지속적으로 발달하게 된다는 의미이다).

> <문> 조금이라도 뇌의 활동을 향상시키기 위해서는 구체적으로 어떻게 해야 할까요?
> <답> 뇌를 써야 합니다. 일을 하거나, 무엇에 대해 생각을 하거나, 무엇인가를 만들거나, 그리고 그 문제에 대해 기쁨을 느껴야 합니다. 그 외의 방법은 없습니다.
> <문> 그것이 뇌를 노화시키지 않는 방법이기도 합니까?
> <답> 그렇습니다. 그것은 동시에 뇌의 수명을 연장시키는 길이기도 합니다.

나. 머리를 자극한다.

(1) 순간적인 판단력

달리는 버스 안에서 양옆에 선 가게들의 간판 이름을 중얼거리는 연습은 순간적인 판단력을 높이는데 매우 효과적인 방법이다.

(2) 기억 훈련

무엇이든 가리지 않고 기억하는 연습도 중요하다. 쉬지 않고 기억 훈련을 하는 것은 머리의 노화를 막는 좋은 방법이 된다.
- (가) 전화번호, 주소 등을 닥치는 대로 머리 속에 집어넣는 버릇을 들이는 것이 머리 훈련에 도움이 많이 된다.
- (나) 길을 달려가는 자동차 번호를 단숨에 외어 보는 것도 좋은 방법이 된다.
- (다) 여행은 자신의 몸을 움직이고 또 새로운 삶을 견문한다는 점에서 가장 이상적인 방법이 된다(osborm의 저서 '독창력을 키워라.'에서 여행, 젊은 사람들과의 교제, 게임, 취미 등을 권하고 있으며, 직접적인 경험이 머리를 자극시켜서 기억력과 창의성이 길러진다고 하였다).

다. 끊임없는 두뇌 훈련이 왕도가 된다.

(1) 악기 사용
눈, 귀, 손가락을 동시에 움직이는 훈련은 두뇌 활동 속도를 빠르게 한다.
(2) 컴퓨터 자판기 사용 방법도 좋은 두뇌 훈련이 될 수 있다.

라. 흔들의자를 사용한다.

흔들의자에 앉아 몸을 흔들고 있으면 운동도 되고 혈액 순환과 근육 활동이 좋아지고 관절이 부드러워져 폐에 고인 피를 없애 주어 두뇌 활동을 돕게 된다.

마. 정독(精讀)을 하게 한다.

(1) 요점이라고 생각되는 부분, 감명 받은 부분, 문장 표현력이 뛰어난 부분은 노란색 형광펜으로 줄을 치도록 한다. 다음 날 반복 읽기에 가속력이 붙어 이해력이 빨라지게 된다.
(2) '읽기' 등의 교과서에서 페이지마다 그 내용을 대표할 수 있는 제목을 붙

이는 것도 좋은 방법이 될 수 있다.

바. 독서를 즐길 수 있는 10가지 사항

(1) '읽을 수 있습니다.' 라는 긍정적인 사고
(2) '열심히 읽겠습니다.' 하는 능동적인 사고
(3) '무슨 책이든지 정성을 다하여 읽겠습니다.' 라는 적극적인 사고
(4) '재미있는 책을 읽은 후 요약해서 발표하겠습니다.' 라는 헌신적인 사고
(5) '몇 권의 책을 읽고 아는 척 하지 않겠습니다.' 하는 겸허한 사고
(6) '참 좋은 책을 읽었습니다.' 하는 수용적인 사고
(7) '우리 공부에 도움이 되는 책을 읽으면 어떨까요?' 하는 협조적인사고
(8) '어떤 책이 저에게 도움이 되겠습니까?' 하는 물을 수 있는 사고
(9) '책은 나에게 좋은 양식이 된다.' 는 감사할 줄 아는 사고
(10) '글을 읽는 방법에 대한 책을 많이 읽겠습니다.' 하는 창의적인 사고

사. 무엇을 어떻게 읽을 것인가?

(1) 미지(未知)를 읽는다.

미지(未知)를 읽어서 기지(既知)로 만드는 힘이 없다면 읽는다는 것은 공허한 일 임을 자각시킨다.
　기지는 알고 있는 사실을 바탕으로 한 읽기의 원형 음독이다. 어떠한 경우에도 읽기는 음독(音讀)이다.

(2) 좋은 독서 환경을 만들어 준다.

독서의 커튼을 친다. 외국 어린이에 비해 우리나라 초등 학생이 자기 방을 가지고 있는 확률은 그다지 높지 않다. 필리핀이 39%, 이란이 43%인데 비해 우리나라는 아직 뚜렷한 통계조차 없는 실정이다.

(3) 독서를 위한 속독법을 익히도록 한다.

(가) 피곤한 머리는 사고력을 둔하게 한다.

항상 즐거운 마음과 적극적인 사고 방식으로 독서에 임해야 하며, 피곤할 때는 먼 산을 바라보거나 경치를 보면서 잠시 쉬는 명상을 한 후 읽는 것이 좋다.

(나) 책을 읽는다는 것은 글이나 말을 지각적으로 알아듣고 의미를 파악하는 일임을 자각시켜 많이 읽게 한다.

눈으로 활자를 따라가는데 그친다면 그것은 단지 책을 바라보고 있는데 불과 할 뿐이다.

(다) 빠르게 읽어야(속독) 한다.

읽기 속도에는 크게 3가지형이 있다.

1) 빠르게 읽기

① 찾아내어 읽기

Scanning(파악한다)는 뜻이며 서류나 책 등에서 중요한 핵심 내용, 날짜, 이름 등을 찾아내는 것처럼 필요한 사항을 빨리 찾아내는 기술이다. 훈련에 따라 상당히 속도가 빨라지게 되며, 이는 속독술의 중요한 기술이다.

② 바라보며 읽기

Prereading(미리 본다)으로 신문이나 잡지의 기사 단행본 등을 봄으로써 그 내용을 짐작하는 방법이다. 제목, 목차, 머리말, 후기 저자 소개 등을 읽어 봄으로써 그 개요를 파악할 수가 있다.

이렇게 미리 보아 둠으로써 이해를 도울 수 있고, 불필요한 부분을 발견하는데 도움이 많이 된다.

③ 달리면서 읽기

Skimming이라 하며 기사나 책을 읽을 때 중요한 몇 부분을 읽은 후 담겨 있는 뜻을 파악하는 방법이다.

글의 처음과 두 번째 단락을 모두 읽는다. 경우에 따라서는 처음의 단락만으로 만족해야 한다. 세 번째 이후의 각 단락은 첫 문장의 첫 행을 읽는다. 그리고 마지막 또는 그 바로 앞의 단락부터 모두 읽는다. 즉 처음이나 두 번째 단락에는 필자의 주요 내용을 다루는 것이 대부분이다. 또, 마지막 또는 거기에 가까운 단락에는 문장 전체의 종합, 결론, 필자의 중심 사상이 나오게 된다. 대부분의 경우 이런 방법으로 그 개요를 파악할 수 있게 되므로 많은 훈련을 시켜야 한다.

2) 보통 속도로 읽기
이는 생활문이나 수필 등을 읽는 방법으로 주된 내용은 물론이고 세밀한 부분까지 이해하면서 읽어야 한다.

3) 가장 느리게 읽기
독서의 재료가 너무 어려울 때의 경우이다.
① 읽을 재료가 너무 어려울 경우 - 같은 주제의 다른 책을 찾아보는 것이 효과적이다.
② 가르침에 따라 읽는 경우 - 처음에는 달리면서 읽기를 하면서 문제는 무엇인가? 무엇을 해야 할 것인가? 를 먼저 아는 것이 매우 중요하다. 그런 다음 다시 한 번 천천히 읽도록 하는 것이 좋다.
③ 기억하기 위해 읽을 경우 - 기억해야 할 부분은 밑줄을 치거나 노트 정리를 한다. 논리적이고 전체와 관련지어 기억하는 것이 더욱 효과적인 방법이 된다.

4) 단어 하나로 전체를 파악할 수 있는 방법
① 이음 낱말 : 우선, 먼저, 첫째, 다음에는, 둘째로, 끝으로 등의 순서적인 이음 낱말은 그 뒤의 단락을 쉽게 알 수 있으므로 빨리 읽을 수 있는 기준이 된다.
② 연결적 단어 : 그러니까, 따라서, 그러므로, 그래서, 다시 말하면, 예컨데, 일반적으로, 이러한, 이렇게 하여, 그렇게 하여 등인데 앞에서 설명한 내용을 다시 언급하는 경우가 많다. 앞의 설명만으로 충분하다면 그 뒤를 읽을 필요는 없다.
③ 병렬적 용법 : 그리하여, 한편, 그런데, 이에 대해, 이와는 별도로, 그 밖에, 더욱이 등은 설명한 것을 되풀이하기 보다는 다른 사항이나 병

렬적인 사항에 대해 언급하는 경우가 많으므로 주의해야 한다.
④ 반대적 요법 : 하지만, 그러나, 그렇지만, 그러나 한편, 그런데도, 그렇다고 하여 등은 앞에서의 얘기와는 반대가 되는 얘기를 하는 것이므로 주의하여 보도록 한다.
⑤ 요약적 용법 : 결국, 결론적으로, 요컨데 등은 한데 묶어서 이야기하는 경우임에 유의하게 한다.

5) V.O.P.S의 효과
① 목차 정독형
목차를 보면 전체의 구성은 물론이고 어디에 결론이 있으며, 어느 부분은 이미 알고 있으니까 건너뛰어도 된다는 기준을 세울 수 있다. 따라서 효율적으로 읽기 위해서는 목차를 정독하는 습관을 들이는 것이 바람직할 것이다.
② 다독형
닥치는 대로 책을 읽는 형이며 심지어는 화장실에도 책을 들고 갈 뿐만 아니라, 걸어가면서도 책을 읽는 유형이다.
③ 병행형
몇 권의 책을 동시에 읽어 가는 방법 즉 매일 책을 읽는다면, 조금 까다로운 것을 1시간 30분, 가벼운 것도 1시간 30분 등의 방법으로 읽는 유형이다.
④ 테마 추구형
세종대왕의 업적 중 과학 부문에 관심을 갖고 있다면 그 문제에 대해서만 철저히 책을 골라 읽는 방법이다.

6) 메모나 노트를 하면서 읽는 방법
① 효과적인 메모 방법

> ① Vitality(생동감) ② Originality(독창력)
> ③ Pesonality(인성) ④ Speality(전문성)

- 써 있는 내용에서 중요하다고 생각하는 점을 골라낸 후, 골격을 찾아내어 장식품을 없애는 작업을 하는 것이다.
- 기록할 만한 가치가 있는 것을 결정한다.
- 저자의 생각을 종합하여 자기 자신의 언어로 정확하게 기록한다. 노트를 할 때는 적극적인 자세로 하되 자신의 생각을 넣지 않는다.

아. 혼자서 즐겁게 읽을 수 있는 머리 훈련법

(1) 빨리 읽기 위한 준비 도서는 단행본이 가장 효과적이다.
(2) 읽을 때에는 읽는 것에만 정신을 집중하도록 한다.
(3) 다 읽으면 한 권의 공책에 주제, 대강의 줄거리, 등장 인물의 성격과 행동 특성, 작가의 상상과 태도, 어떤 영향을 나에게 주었는가? 등 생각나는 대로 적어 두게 하는 것이 효과적인 독서 방법이다. 이 방법은 20년후에도 같은 책을 반복 읽지 않아도 쉽게 책의 내용을 알 수 있기 때문이다.

자. 빨리 읽고 내용의 이해도를 높이는 방법

(1) 일단 책을 사고 나면 장소를 가리지 않고(등·하고 교통 수단 내, 자택의 화장실 안, 취침 전, 아침 일찍 일어났을 때 등) 언제든지 책을 읽는 습관을 기르게 한다.
(2) 독서 시간은 억지로 만드는 것이 인생을 풍요롭게 만들어 준다.
(3) 책을 읽는 시간과 기간을 정하여 이행을 꼭 하게 한다.

차. 책을 효과적으로 읽히는 방법

독서지도를 하고 싶은데 책을 가까이 하려고 하지 않은 어린이가 있다. 책을 싫어하면 독서 지도를 할 수가 없으니 난처할 뿐이지만, 그렇다고 책을 강제로 읽게 하면 오히려 부작용이 일어나 안 읽히는 것만 못한 사태가 발생할 테니 강압적인 방법을 쓸 수가 없다.

　그러나 어떻게 해서든지 스스로 책을 읽어야 하겠다는 마음, 책을 읽고 싶다는 마음을 이끌어 내어야 한다. 책을 읽도록 하는 방법은 여러 가지가 있을 것으로 사료되며 어린이 개성에 따라 다소 다른 방법도 필요할 것이다.

(1) 방법

　(가) 호기심을 준다.
　① 책을 전시한다.
　　책꽂이에 두면 시각적인 효과가 적으며 백화점에서 물건을 전시하듯 예쁘고 흥미롭게 교실이나 방의 빈 공간을 이용하여 전시해 놓는다.(책과 꽃병, 어항, 학생 작품 등으로 꾸밀 수도 있을 것이다.)
　② 책의 어느 한 구절을 뽑아서 제시할 수도 있다.
　　흥미롭고 충격적인 구절을 적어놓고 책명을 밝혀 두면 효과적일 수 있다.
　③ 삽화를 복사해서 제시를 할 수도 있다.
　　이는 교사나 부모와 어린이 모두가 할 수 있을 것이다.

　(나) 가정 학습 과제로도 제시 할 수 있을 것이다.
　① 어느 일부분을 찾아 읽게 할 수도 있다.
　　예) 이순신 장군이 적의 총알을 맞고 돌아가실 때 옆에 있던 사람은 어떤 말을 하였습니까?
　② 줄거리를 찾아 적게 할 수도 있을 것이다.
　　예) 이순신 장군이 왜적을 물리친 싸움을 차례대로 적으시오.
　　　이순신 장군이 가장 훌륭히 적을 물리친 곳을 두 곳만 찾아 적어보세요(이러한 활동은 꼭 발표시키는 것이 효과적이다.).
　③ 어린이들에게 읽게 하다가 나머지 내용을 과제로 제시하여 읽어오게 할 수도 있을 것이다.
　　※ 이야기를 해 주다가 도중에 끝나게 하여 독서 흥미 유발을 시킨다.

④ 교사나 부모가 어린이가 보는 앞에서 재미있다는 표정으로 읽다가 교사 또는 부모가 책상이나 책꽂이에 계획적으로 꽂는다.
　※ 아이고 재미있다. 등의 표정이나 혼자말 처럼하여 호기심이 생기도록 유도한다.
　※ 어찌하든 어린이들의 마음 속에 읽고 싶다는 생각이 자리 잡도록 하는 방법이 가장 효과적이다.
⑤ 독서 흥미 유발의 실제
　◆ 도입 단계
이야기를 흥미롭게 들려준다.
어린이들에게 읽고 싶은 책과 관련하여 '작품에 얽힌 이야기', '작가에 얽힌 이야기', '주인공의 성격.' '작품의 줄거리.' 중에서 적절한 내용을 들려준다.
　◆ 도입 단계
　　T. (읽히고 싶은 책을 가리키며) 'OOO 의 책을 읽어 본 사람 있어요?
　　C₁ 예, 한 번 읽었어요.
　　C₂ 안 읽었어요.
　　T. 그럼 선생님(아빠, 엄마)이 이 책에 얽힌 이야기를 들려주겠어요. (교사 또는 부모가 작품의 성격에 따라 다음과 같이 읽어 준다.)
　　예 : 작품에 얽힌 이야기
'소공녀'는 지은이가 작품의 이름을 주인공의 이름을 따서 '세에라 크루우'라고 했습니다. 그런데 이 책을 읽은 많은 사람들이 '세에라는 역경에 놓여 있어도 공주처럼 고상하고 훌륭한 마음씨를 잃지 않은 갸륵한 소년입니다. 그러니 작품의 제목을 '소공녀'라고 바꾸는 것이 좋겠습니다.' 란 요청의 편지를 받고 지은이 '버어넷' 에게 많은 편지를 보내왔기 때문에 책을 다시 낼 때 책 이름을 '소공녀'로 했답니다.
　◆ 정리 단계
　　C. 야! 재미있다.
　　T. 읽어보고 싶으세요.

C. 예.

T. 그럼 이번 주에는 소공녀를 읽도록 해 보세요. 읽은 내용 중에서 가장 감동을 받은 내용을 적어 보도록 하여 보세요.

타. 음독(音讀) 기술을 향상시키는 방법

(1) 교사나 부모가 읽기의 본을 보여야 한다.

읽기에서 이것은 매우 훌륭한 방법이다. 지도자가 구체적으로 본을 천천히 본을 보여 주어야 한다. 어린이들은 가소성이 풍부하여 그대로 모방만 하면 제대로 글을 읽을 수 있게 된다.

읽기의 속도, 발음 방법, 호흡, 액센트나 인토네이션 등이 눈과 귀와 입을 통해서 학습이 된다.

이를 구체적으로 하면

(가) 먼저 자세를 바르게 하고 가슴을 편다.

(나) 등뼈를 바르게 하여 숨을 충분히 쉰다.

(다) 크게 입을 열고 읽는다. 올바른 발음은 입 모양에서 나옴을 강조한다.

(라) 보통 때 보다는 조금 더 큰 소리로 읽게 한다.

(마) 명료하게 발음하면서 천천히 읽게 한다.

(바) ,(반점), .(온점), 「 」(낫표)의 앞과 뒤, 문단, 시에서의 연과 연사이 등 각각의 사이를 알맞게 취하게 해야 한다.

(사) 대화 부분은 말하는 이의 심정을 잘 음미해서 읽어야 한다. 그러나 음색을 사용하는 것은 좋지 않다. 이는 읽기의 품위가 떨어지기 때문이다.

(아) 일반적으로 회화의 부분은 큰 소리로, 지문은 다소 작은 소리로 읽게 하여야 한다.

(2) 본은 짧게 구획하여 본다.

문장을 알맞은 길이로 구획하여 본을 보여야 한다. 그 길이는 학급이나 가정의 실태에 따라 조절하면 된다.

본이 너무 짧으면 부자연스럽고, 너무 길면 어린이들이 따라 읽기가 어렵게 된다. 짧게 시작하여 익숙해지면 점점 길이를 더해 가도록 해야 한다.

좋은 본을 보이고, 본 그대로 어린이들이 읽게 된다. 몇 번 되풀이하여 모범을 보이면 어린이들은 그대로 정착이 될 수 있다. 이렇게 하면 반드시 잘 읽게 되고 여러 사람 앞에서 읽기를 좋아하게 된다.

(3) 올바르게 따라 읽기를 철저히 한다.

교사나 부모가 보여준 그대로 어린이들이 잘못 읽었거나 더듬거나 했을 때 꾸중을 하지말고 바르게 읽을 때까지 철저하게 지도를 해야 한다. 바르게 할 수 있을 때까지 한다는 신조로 지도를 해야 한다. 그러나 반드시 '그만하면 잘 한 것이다.' '그렇게 잘하게 되어서 선생님은 매우 기쁘단다.'(그렇게 잘해서 아빠, 엄마는 매우 기쁘단다.) 라고 해서 격려와 용기를 북돋아 주는 것이 매우 중요하다.

(4) 한 문단 씩 윤번으로 읽힌다.

따라 읽기가 잘 되면 처음부터 끝까지 읽게 한다. 다음은 윤번으로 읽게 하는 것이 좋다.(가정에서는 온 가족이 윤번제로 한다.) 형식적 단락을 갈라서 읽게 하면 너무 길지도 짧지도 않게 된다.

(가) 반드시 세워서 읽게 한다.(선다고 하는 것은 자신의 위치를 높게 하는 것이기도 하다. 학급 친구들이나 가족의 절반을 내려다 보게 하는 것이 훨씬 기분이 안정되기 때문이다.)

(나) 서게 되면 등뼈가 곧게 된다. 자세가 좋아지고 자세가 좋아지면 소리도 커지며 맑아지게 된다. 이는 허파 속에 공기를 가득 흡입시킬 수 있기 때문에 크고 맑은 소리를 낼 수 있다.

(다) 앉아서 듣고 있는 어린이들도 훨씬 듣기가 편안하다. 앉아 있는 어린이들의 몸으로 읽는 소리를 막는 일이 없기 때문이다.

(5) 읽지 못하는 어린이를 교탁(책상) 주변으로 오도록 한다.

일제히 자유롭게 음독 연습을 시키는 때가 있다. 이 경우 자칫하면 전체의 큰 소리에 가려져서 읽기 부진아의 소리는 지워져 버리는 경우가 많다. 경우에 따라서는 그들은 전혀 읽지 않는 경우가 허다하다.

일제히 읽기 연습을 시킬 때 읽기 능력이 낮은 수명의 어린이를 교탁(책상) 주변에 불러서 충분한 레포(rapport)를 형성한 후, 한 사람 한 사람의 읽기 교정을 해야 하며 제대로 읽을 때까지 연습을 지속적으로 시킨다.

바르게 읽으면 칭찬을 많이 해 주어야 한다. 성장하기 위해서 노력하는 일이 값진 것임을 충분히 주지 시켜 주어야 할 것이다. 읽기 부진아라고 비웃음을 주는 행위는 절대 하지 못하도록 충분한 지도가 필요하다. 자칫하면 열등감의 함정에 빠지지 않도록 하는 것이 아주 중요하다.

(6) 성장한 성과는 공포하여 크게 칭찬하여 준다.

연습시키는 일, 단련시키는 일은 경우에 따라서는 몰래 하는 것도 효과적이다. '민수야, 오늘 선생님 일을 좀 도와 주렴'('민수야, 오늘 엄마 일 좀 도와 주렴') 하고는 혼자 남겨서 읽기 연습을 시키는 방법도 좋을 것이다.

잘 읽게 되면 여러 사람 앞에서 크게 칭찬을 하여 주는 것이 바람직하고, 유창하게 잘 읽으면 저절로 박수를 받게 될 수도 있게 된다. 이렇게 허용 적이고 안정된 분위기를 조성하여 읽기를 연습시키면 모두가 틀림없이 잘 읽을 수 있는 어린이로 자라게 될 것임을 확신한다.

(7) 저학년에서 음독을 완전 습득하게 하여야 한다.

음독할 경우의 발성 방법, 유창성, 빠르기, 그것을 뒷받침하는 안구 운동 등은 저학년에서 완전히 익혀야 한다.

1, 2학년에서 제대로 읽지 못하면 학년이 올라 갈수록 점점 읽기가 어렵게 된다. 따라서 저학년에 완전 습득을 시켜야 하며 이것이야말로 열등감의 함정에 빠지지 않게 하는 길임을 명심해야 한다.

중, 고학년으로 올라갈수록 지도 기간이 길게 되며 열등감이 심화하게 된다.

중학년 이후의 음독 지도에 대해서는 각오하고 끈기 있게 애정을 가지고 대처하는 마음가짐을 갖는 것이 성공의 열쇠이다.

파. 재미있는 독서의 방향

(1) 독서의 유용성

(가) 어느 곳에서든지

1) 지도 절차

   가) 생활, 문화 등 여러 장면에서 책을 모은다. 이유식 상자, 교통 법규 소책자, 교통 안내 책자. 의약 명칭, 면허 신청 같은데서 모을 수 있을 것이다.

   나) 일상 생활에서의 읽기의 필요성에 대해 어린이들과 토의를 한다. 어린이들에게 교사가 수집한 자료를 보여 주고, 읽기 자료로 발견할 수 있는 다른 장소를 떠올려 보게 한다.

   다) 학교 밖에서 읽기 자료를 찾아오도록 과제를 제시한다. 그리고 그것이 무엇인지 어디에서 그것을 발견했는지를 말하게 한다.

   라) 어린이들이 조사해 온 것을 발표하게 한다. 어린이들이 골프공과 같이 읽기 자료가 발견될 것 같지 않는 장소에서 발견했다는 것에 흥미를 보이게 될 것이다. 가장 흥미 있는 읽기 자료(그리고 그것이 왜 어려운지), 가장 쉬운 읽기 자료(그것이 왜 쉬운지)에 대해 발표하게 한다.

(나) 자모 책 만들기

   1) 한글 자모에 관해 토의를 하게 한다. 토의 내용 중에 자모를 아는 것은 학교에 들어갈 어린이가 갖추어야 할 가장 중요한 기능 중에 하나가 될 것이라는 점을 포함시켜야 한다.

   2) 어린이들로 하여금 취학 전의 한 아이에 대해 생각하도록 한다.(또는 한 아이를 정하게 함) 그리고 그 어린이의 흥미를 끌 수 있는 자모 익히기 책을 어떻게 만들 수 있는지에 관해 생각하도록 한다.

   3) 학생들은 그림, 사진, 잡지의 사진, 또는 다른 매체를 이용하여 어린이를 위한 자료 익히기의 책 삽화를 그리게 한다.

      4) 어린이들은 완성된 책을 급우들과 나누어 가진다. 그리고 정해진 어린이에게 읽도록 한다.
(다) 자료 순으로 읽기
  1) 지도 자료
      모든 유형의 읽기 자료 : 여행 소 책자, 기차 시간표, 요리 책, 신문, 잡지, 기계를 설명할 수 있는 소 책자, TV가이드, 상점 카탈로그 등 (이 소책자에는 질문을 적을 한 장의 종이, 답을 쓸 수 있는 여백, 또 다른 질문을 할 수 있는 여백이 있음)
  2) 지도 절차
    가) 매 자료를 읽을 때 마다 자료를 읽고 정보를 얻는 것에 대해 어린이들과 함께 토의를 한다. 이런 질문의 유형과 자료의 성격에 대해 생각하도록 한다. 예를 들어, 기차가 언제 도착할 예정이라거나 영화가 어디서 상영되는지 등을 알게 해 본다.
    나) 어린이들이 자모 순서대로 이 자료들을 읽을 것이라고 말할 것이다. 따라서 질문에 대한 말을 찾으려고 할 것이고 그 답을 써내려 갈 것이며 그것을 미리 글자로 표시할 것이다. 그리고 독자가 대답해야 할 또 다른 질문을 만들 수 있게 된다.
    다) 자료를 나누어 주거나 어린이 자신이 선택하게 하되 시간 제한을 두도록 한다.
    라) 자료 배포가 끝나면 어린이들로 하여금 읽기 자료에 대한 질의 응답이 있는 학급 토의를 하게 한다.
(라) 균형 있는 읽기
  1) 어린이들에게 읽기 자료의 성질을 파악하게 한다.
    가) 인물의 신체적 특징 : 성, 피부색, 머리색, 눈, 키 등
    나) 사용하는 언어 : 익숙한 표현, 문체, 방언, 어휘 등
    다) 활동성 : 적극적, 수동적, 게임 유형, 작업 유형 등
    라) 인물의 범위 : 유사한 일을 한다. 유사한 견해를 가지고 있다. 유사한 가족 사항을 가지고 있다. 유사한 생활 조건을 가지고 있다. 등

2) 질문을 어린이 수준에 맞게 한다.(예 : 나하고 같다. 부모님이 유사하다. 등)

(2) 독서의 재미

(가) 읽은 책 만들기
  1) 지도 자료
  옛 국어(또는 읽기) 교과서를 오려서 만든 짧은 글들
  2) 지도 절차
    가) 얇아서 읽기가 간단한 책을 만든다고 이야기한다.
    나) 교과서를 읽고 흥미가 있는 부분을 말하게 한다.
    다) 자신이 선택한 글을 소리내어 읽게 하고 잘 하면 조금 더 두꺼운 책을 읽게 하며, 집에 가서 가족들에게도 읽게 한다.
    라) 일년 내내 끈질기게 흥미가 지속되도록 하면서 읽도록 한다.
(나) 독서 카드 만들기
  1) 지도 자료
    가) 가로, 세로의 길이가 15cm, 20cm 정도의 카드, 한 쪽 끝에 구멍이 있음
    나) 적당한 크기의 고리
  2) 지도 절차
    가) 학기초에 고리가 달린 색인 카드를 어린이에게 나눠준다. 카드에 어린이들의 이름을 쓰게 한다.
    나) 매주, 어린이들은 또 다른 카드를 받아 다른 책을 읽은 내용을 카드에 적도록 한다.
    다) 카드에 책의 제목, 저자, 그들의 이름, 날씨를 적고 , 그 책의 표지에 그림을 크게 그려 놓는다.
    라) 자신이 왜 이 책을 좋아하는지, 즐겁게 읽었는지, 등장 인물에 대한 설명, 책의 또 다른 결말, 등장 인물을 좋아 하는 까닭 등을 적도록 한다.
(다) 독서 클럽
  1) 하루에 책 한 권 클럽
    가) 매일 한 권의 책을 읽게 한다.

나) 정기적인 주1회 모임을 갖고 가장 뜻 깊거나 재미있는 책을 서로 소개한다.
  2) 읽기 거인들
　　가) 키가 큰 종이 거인을 만들어 게시판에 걸어 놓는다.
　　나) 학생들은 정해진 수의 책을 읽는 진도를 나타내기 위해 거인 곁의 도표에 표시한다.
　　다) 정해진 수의 책을 모두 읽은 사람에게 읽기 거인을 보상으로 준다.
  3) 100분 클럽
　　가) 큰 게시판이 넘치도록 밝게 색칠한 기차를 만든 후 20개의 열차 칸을 만들고 한 칸은 5분이란 시간을 나타내도록 한다.
　　나) 어린이들에게 책을 읽도록 한다(시간은 자유로 하되 읽은 내용을 독서 카드에 쓰도록 함).
　　다) 읽은 시간을 게시판에 표시를 한다.
  4) 스머프 읽기 클럽
　　가) 읽기 난이도에 따라 책의 색깔을 10가지로 표시한 후
　　나) 어린이들은 책을 읽을 때 독서 카드에 내용을 기록한 후 색깔 구별이 있는 스머프 스티커를 붙여 나간다.
  5) 100, 200, 300 운동
　　가) 저학년은 1주일간 100쪽을 읽게 한다.
　　나) 고학년은 1주일간 200쪽을 읽게 한다.
　　다) 초등학교 졸업을 할 때까지 300권의 책을 읽게 한다.

(3) 컴퓨터 언어 경험

　(가) 2~3명의 학생이 컴퓨터에 앉아 한 어린이가 구술하는 대로 타이프 한다.
　(나) 구술하지 않는 어린이는 교정자로서 행동하게 하고
　(다) 잘못 친 곳을 교정하며
　(라) 완성되면 큰 소리로 읽게 한다.
　(마) 다시 틀린 부분을 교정하게 한 후 프린터기로 원고를 빼내게 한다.

하. 부모 참여하기

(1) 부모 - 교사 협의(어떤 내용을 쓸 것인지 협의함)

(가) 허용적인 분위기에서 부모 - 교사간에 어린이의 수준에 따라 내용을 서로 협의한다.
(나) 어린이가 부모에게 글을 남길 수 있도록 메모지를 준다.
(다) 쓴 메모지를 냉장고나 전화기 옆에 붙여 두면 부모가 글에 대한 내용을 적는다(칭찬과 격려의 내용을 많이 함).
(라) 어린이가 새로운 단어를 배울 수 있도록 어려운 글도 적어 본다.

(2) 부모의 자기 점검표

학부모 자기 점검표	예	아니오
(1) 나는 매일 아이에게 큰 소리로 읽어 준다.		
(2) 어린이가 원한다면 같은 것이라도 반복하여 읽어준다.		
(3) 내가 읽을 때 어린이가 무릎에 앉거나 책 읽는 대로 어린이가 눈동자를 움직인다.		
(4) 어린이는 내가 읽는 것을 자주 보아 왔다.		
(5) 어린이는 남자나 여자가 읽는 것을 보아왔다.		
(6) 우리 집에는 책, 잡지, 신문이 있다.		
(7) 어린이는 자신의 책과 보관할 장소를 가지고 있다.		
(8) 어린이를 위해 내가 주는 선물은 주로 책과 잡지이다.		
(9) 먹고, 입고, 목욕하는 것 같은 일상적인 내용에 대해 자주 대화를 한다.		
(10) 나는 미술, 연극, 말하기 등을 통하여 자신이 표현할 기회를 많이 준다.		
(11) 나는 어린이의 감정과 흥미가 나에게 매우 중요하다는 것을 보여 주는 관심 있고 흥미 있게 듣는 사람이다.		
(12) 어린이들은 내가 TV를 보는 것만큼 책을 읽는데 관심 있다.		
(13) 어린이가 TV를 보는 시간을 자제한다.		

학부모 자기 점검표	예	아니오
(14) 나는 어린이를 위해 다양한 경험을 제시한다. 시가 행진과 시장 구경, 음식점, 도시와 읍, 음악회, 교회 등		
(15) 어린이의 놀이 활동을 위해 나는 종이, 연필, 크레파스 등을 준비한다.		
(16) 우리 집에서 어린이가 대상물에 대한 차이점과 유사점을 찾아내는 게임을 한다.		
(17) 어린이는 도서관 카드를 갖고 있고 규칙적으로 사용하고 있다.		
(18) 나는 학교와 교사들에게 적극적인 태도를 갖고 있다.		
(19) 어린이의 듣기와 읽기를 정기적으로 점검한다.		
(20) 나는 어린이가 여러 가지 다양한 읽기 자료를 골고루 보고 있다고 생각한다.		

(3) 부모의 자기 점검표 결과 해석

(가) 한 문항 당 5점으로 한다.
(나) 70% 인 경우는 학부모가 자녀의 독서 교육에 신경을 쓰고 있다. 라고 할 수 있다.
(다) 50%인 경우는 보통 정도이나.
(라) 45%이하는 약간의 관심이 있거나 없는 경우를 뜻한다.

거. 듣기에서 기본적인 방법

강의, 강연을 들을 때, 회의에서 남의 의견을 들을 때, 전화로 이야기를 들을 때 중심이 되는 사항이나 문제점을 파악하는 것이 중요하다.

(1) 이야기의 본래 줄거리를 잊지 않는다. 즉, 재미있는 어떠한 부분에만 정신을 빼앗기고, 중요한 부분을 놓치지 않도록 유의한다.
(2) 요점을 메모하되 이야기를 들으면서 요점을 간단히 메모하는 습관을 길러준다. 제목이 될 만 한 항목만 메모해 두어도 이야기 줄거리를 정리하거나, 나중에 다시 생각해 낼 때 도움이 됨을 인지시킨다.

(3) 나중에 질문할 부문을 생각해 둔다. 자기 생각과는 어느 부문이 다른가? 어디가 알 수 없는가? 등 무엇을 질문할 것인가를 생각하여 들으면, 그저 막연히 흘려버리는 일이 없을 것이다.

더. 듣기 기술을 효과적으로 향상시키는 방법

> 듣기에 대한 방법을 익히는데 있어 발언하는 방법과 함께 듣기의 기술을 향상시키는 일은 매우 중요하다. 사람은 누구나 말하고 있을 때보다는 듣고 있을 때가 몇 십 배 더 많기 때문이며, 지식의 대부분의 경우 보거나, 생각하며 들어서 체득이 되기 때문이다.

(1) 분석적 비판적으로 듣게 한다.

멍하게 들어서는 안되며 정신 차려서 듣고 마음을 집중해서 듣는 것이 중요함을 인지시킨다.
 ☆ 어찌하여 그러할까요?
 ☆ 정말일까요?
 ☆ 바를까요?
이 세 가지를 늘 머리 속에 넣고 말을 듣도록 지도에 임해야 한다.

(2) 무엇 때문에 그럴까? 에 강해지도록 한다.

무릇 사고력을 기름에 있어 이유나 근거를 묻는 일보다 더 중요한 일은 없을 것이다.
 어떻게 해서든지 알려고 노력하는 지적 정의감을 높여 놓지 아니하면 안된다. 따라서 답이 틀렸더라도 '어찌하여 그러한가?'에 답하여 '이러 이러 함으로'라고 말할 수 있다면, 그 자체만도 크게 칭찬하여야 할 것이다. 바른 해답자를 칭찬하기보다는 노력, 의욕, 자세, 태도를 칭찬하는 일이 중요할 것이다.

(3) 들으면서 손가락을 꼽도록 한다.

말하기 훈련이 잘 되어있는 교실에서는 '세 가지 이유가 있습니다.' 와 같이 전제하여 첫째는……, 둘째는……라고 말한다. 이렇게 하면 듣는 이는 듣기가 매우 쉬워진다. 따라서 교실에서는

★ 말하면서 손가락을 꼽아라.
★ 들으면서 손가락을 꼽아라. 와 같이 훈련시켜야 한다. 이러한 훈련이 철저히 되면 자연히 토의가 단 시간에 낭비 없이 이루어 질 수 있을 것이다.

(4) 요컨데……, 와 같이 정리하면서 듣게 한다.

요약하여 짧게 정리하여 말하게 하면 듣는 사람이 쉽게 이해 할 수 있을 것이다. 듣기 훈련은 바로 말하는 훈련이 선행되어야 한다. 토의할 때도 짧게 요약하여 발표시키는 자세가 철저히 이루어져야 한다.

(5) ○, △, ×로 나타내며 듣게 한다.

늘 긴장해서 듣게 해야 하되, 다음과 같은 말을 하면 효과적일 것이다.
(가) 지금부터 세 사람이 말을 합니다. 그 중 한 사람만이 바른 말을 합니다. 누가 바르게 말하는가 학습장에 씨 보세요.
(나) 다섯 사람이 발표합니다. 그 중 좋은 의견이 누구의 것인지 학습장에 적어 보세요.
(다) 세 사람이 읽었는데 누가 가장 제대로 읽었는지 학습장에 써 보세요.
(라) 네 사람의 발언 중에서 분명히 틀린다고 생각되는 사람의 이름을 학습장에 써 보세요.
(마) 방금 영수의 발표 내용이 옳다고 생각되면 ○, 조금 이상하다고 생각되면 △, 맞지 않는다고 생각하면 ×표를 하세요.

(6) 손을 들지 않은 어린이에게 주목해야 한다.

발표를 잘 하지 않는 내성적인 어린이는 잘 한 점 한 가지만 있으면 칭찬

하고 격려하며 때로는 주의를 촉구하고, 주의를 환기시켜 학급(가정)의 전원이 잘 들을 수 있도록 다음과 같이 하면 효과적일 것이다.
　(가) 한 사람도 빠짐없이 발표자 쪽으로 주시하고 있는가?
　(나) 고개를 끄덕이거나 갸웃거리면서 집중해서 잘 듣고 있는가?
　(다) 메모하면서 평가적으로 말을 듣고 있는가?
　(라) 이야기의 내용을 제대로 알아듣고, 이해하였는가?

　전 어린이에게 윗 내용이 잘 될 수 있도록 해야 할 것이다.
　'연필을 가지고 말을 듣는다.'라고 하는 말과 같이 듣는다는 것이 수동적이 아닌 능동적이라고 할 수 있는 것이다. 듣기를 할 때 항상 연필을 잡도록 습관화시키는 것이 중요하다.

(7) 남의 말을 잘 듣지 않는 것도 죄가 되는 일임을 자각시킨다.

　남의 말을 잘 듣지 않는다는 것은 함부로 지껄인다는 말과 같다. 그래서 말하기보다 더욱 중요한 것이 듣는 것임을 주지시킨다. 항상 남의 말을 듣고 요약할 수 있도록 충분한 훈련을 유아 및 저학년(1, 2학년)에서부터 하여 습관화시켜야 한다.
　이러한 어린이는 반드시 지도를 해야 할 것이다.
　(가) 이야기를 앞질러 지껄이는 어린이
　(나) 이야기를 옆에서 끼어 들어 지껄이는 어린이
　(다) 앉아있으면서 지껄이는 어린이
　(라) 생각한 바를 제멋대로 지껄이는 어린이

　스스로 공부하는 방법의 훈련, 듣는 방법의 훈련, 말하기의 훈련 등이 얼핏 보기에는 작은 일처럼 보일 수 있을지 모르지만 듣기는 내일의 민주 시민을 형성하는 매우 중요한 훈련이라고 할 수 있다. 저학년에서 완전한 정착이 이루어져야 할 내용들이다.

4. 독서의 경험을 살리는 방법

가. 책읽는 모습을 보여 준다.

책을 열심히 읽는 어린이들은 대체로 학교 생활도 잘하게 된다. 어린이들에게 책읽는 환경을 자연스럽게 만들어 주는 일은 누가 뭐라고 해도 부모가 자연스럽게 자주 책을 읽는 모범을 보여 주는 일이 중요하다.

'어린이 책을 읽는 어른' '동화를 읽는 어른'의 모습이 가장 아름다운 일이다.

나. 책에서 얻은 내용은 어린이와 함께 나눈다.

책을 읽으면 날마다 새로운 것을 배우게 된다. 오늘 학교에서 뭘 배웠니? 는 너무 막연한 질문이며 '오늘 학교에서 공부하느라고 힘들었지?' 라고 포근하게 안아주고 자녀들이 배우는 교과서를 자주 보고 평소 신문과 TV에서 나온 내용을 연결지어 대화를 나누는 것이 효과적이다.

다. 소리내어 책을 읽어 준다.

(1) 표정을 담아 읽어 주어야 한다(다양한 억양으로 해야 함).
(2) 부모도 재미를 느끼며 읽어 주어야 한다(위험한 순간에 정말 흥분하고 무서운 순간에 무서워하는 시늉으로 읽어야 함).
(3) 어린이에게 질문을 많이 한다(책장을 넘기기 전 다음엔 어떤 내용이 나올까?).
(4) 어린이의 눈을 쳐다보며 읽어 준다(어린이의 표정을 보고 웃기도 하고 읽는 사이마다 책의 내용에 대해 이야기를 정답게 나눈다.).
(5) 6학년 어린이에게도 책을 읽어 주면 더욱 좋을 것이다.

라. 온 가족이 함께 신문을 읽는다.

어린이에게 책을 읽어줄 시간이 도무지 없는 부모님은 신문이 구세주가 될 수 있다. 한 달에 1회씩 가족 문화의 날로 정하여 영화, 연극, 여행 등의 경험을 하고 함께 이야기를 나누는 것이 매우 좋다.

신문 기사에서 영화, 각종 경기, 만화 등의 내용도 토론하도록 하면 좋을 것이다.

마. 책읽기를 통해서 서로 교류를 한다.

친척들과 자주 만나고 어른들과 소풍이나 운동을 즐기는 어린이는 독서 능력이 훨씬 뛰어난다. 책을 읽어 주는 사람이 부모, 친척 등 다양하게 할 수 있도록 해야 한다.

친척들과 만날 수 있는 집안 행사에 자녀를 자주 데리고 가서 서로 교류 할 수 있게 해준다.

바. 책읽기를 통해 또래와 교류한다.

손 윗 형제들이 책을 읽어줌으로써 윗 형, 누나는 재능을 발휘할 수 있고 동생들 역시 언니나 형과 싸우지 않고 즐거운 시간을 보낼 수 있어 일거양득(一擧兩得)이 된다. 형제 자매가 없어 '어린이 책 사랑방 운영'을 하는 방안도 좋을 것이다.

사. 함께 소리내어 읽는다.

(1) 줄 바꾸어 읽기
(2) 대화를 바꾸어 읽기
(3) 후렴구 읽기
(4) 같은 목소리를 함께 읽기

여러 가지 방법으로 읽으면 놀이나 게임 형식이 되어 즐겁게 임하게 되어 독서가 재미있다는 자신감을 심어 주어야 한다.

아. 가족이 함께 독서 이야기나 연극을 한다.

(1) 전집으로 사지 말고 낱권으로 사서 하되 어린이와 함께 가서 자유 의사

에 의해 사서 읽은 후, 서로 이야기하거나 연극을 하면 책읽기에 흥미를 더 한층 가지게 될 것이다.

> '너 요즈음 무슨 책을 읽고 있니?'
> '아빠 고향이 배경인 소설을 읽고 있어요.'
> '내가 이번 달에 읽는 '건강 신문'도 재미있단다. 아빠가 다 읽고 빌려주마.'

(2) 가족끼리 독서 연극은 책 내용을 창조적으로 재현하는 활동이다.
  ☞ 가족끼리 독서 연극하는 법
(가) 시작과 끝이 분명한 간단한 장면을 선택하도록 한다.
(나) 배역을 정해서 하되 어린이가 직접 자신의 배역을 선택하도록 한다.
(다) 읽기 전에 어떤 목소리가 좋은지, 어떤 억양이 좋은지 서로 이야기하도록 한다.
(라) 제스처와 표정 연기를 곁들이면 더욱 좋을 것이다.
(마) 다 읽은 다음에는 자신이 맡은 배역에 대해 이야기해 보도록 한다. 그 배역이 왜 그렇게 행동했을까? 다음에는 어떤 일이 일어날까? 에 대해서로 기탄없이 말하게 한다.

자. 부모님이 좋아하는 책을 추천하여 준다.

어릴 때 감명 깊게 읽은 책을 권한다. 우리 겨레의 역사와 삶이 베어 있는 책을 찾아 주어야 한다. 우리 신화나 옛 이야기, 우리 문화 생활이 담긴 창작 동화, 방정환, 이원수, 마해송 작가 등의 작품이 좋다고 할 수 있다.

차. 쇼핑하면서 읽기를 실천한다.

(1) 백화점 매점 안내서를 읽고, 가고 싶은 상점 이름을 선택하게 한다. 슈퍼나 약국에 가서 살 물건의 이름을 찾게 한다.
(2) 자녀에게 세척제나 주스 등의 상품별 가격, 부피를 비교하여 달라고 부탁을 해 본다.

(3) 자녀에게 잘 알려진 상품 광고를 보여 주면서 읽어보게 한다.
(4) 엄마의 선택 기준을 말해 주면서 직접 물건을 고르도록 해본다.
(5) 옷을 살 때 예쁘다, 어울린다, 비싸다, 싸다와 같이 말하기 전에 설명서를 먼저 읽는 습관을 기르고 이 정보를 바탕으로 판단하도록 한다. 요리 책으로 이상구 박사의 자연식 건강 요리(주부 생활), 3학년 이상은 머리가 좋아지는 음식(한국 어린이 교육 연구원), 신토불이 우리 음식(중앙 M&B) 등의 책이 좋은 예이다.

카. 집수리를 하면서도 읽는 연습을 하는 것도 좋다.

(1) 연장 이름을 말해주고 사용 방법과 안전에 대한 이야기를 해준다.
(2) 특정 일을 할 때 어떤 연장이 필요한지 아이와 함께 목록을 정하고 읽게 한 후 연장을 준비하게 한다.
(3) 설치 방법을 아이에게 읽어 달라고 하여 읽게 한다.

타. 만들기를 하면서 글을 읽게 한다.

(1) 본과 만들기 방법, 재료 목록을 보여 주며 필요한 것이 무엇인지 말하게 한다.
(2) 가능하면 자녀와 함께 재료를 사러 가도록 한다(모형항공기, 뜨개질 페인트 등).
(3) 부모님이 일하는 장소를 체험케 한다.

5. 읽을 거리의 준비

가. 집안에 읽을 것이 넘치게 한다.

책을 좋아하는 어린이의 특징으로
(1) 부모의 교육 의지가 높은 경향이 많다.

(2) 부모나 형제로부터 숙제 등을 할 때 도움을 받는다.
(3) 부모가 자주 소리내어 읽는다.
(4) 집안에 책이 많아야 한다.

나. 책 사고 돌려읽기 '계' 조직이 좋은 방법이다.

다. 책을 소중하게 여기는 자세를 가르치는 법이 좋을 것이다.

(1) 책을 읽을 때는 항상 손을 깨끗이 하도록 한다.
(2) 빌린 책에 필기 도구로 표시를 하거나 색칠하지 않게 한다.
(3) 서표 사용을 권장한다.
(4) 망가진 책을 자녀와 함께 고친다.
(5) 책마다 카드를 붙인다.(주인 의식)

라. 항상 책을 가지고 다닌다.

자동차가 고장나거나 슈퍼마켓 앞에 길을 길게 늘어설 때 지루하게 된다. 비상 사태를 대비하여 간단한 잡지나 동화책을 준비하게 한다. 여행에 맞는 책을 가지고 여행하는 것도 좋은 방법이다.

마. 아픈 어린이에게 알맞은 책을 준다.

아픈 어린이가 쉽게 읽을 수 있으면서도 아픔과 어려움을 이겨내는 감동을 줄 수 있는 책이 좋다.

바. 책을 상품으로 준다.

책을 상으로 줄 때 평소 어린이의 흥미가 무엇인가를 알아야 하고 책표지에 상으로 주는 까닭이나 그 어린이가 잘한 일을 구체적으로 써 주면 좋다.

사. 독서와 관련된 심부름을 시킨다.

(1) 요리 시 필요한 메뉴별 품목을 적게 한다.
(2) 가족과 친척의 생일, 제사를 달력에 정해 달라고 한다.
(3) 앨범, 친척 관계, 족보를 주면서 보기 좋게 정리해 달라고 한다.
(4) 책꽂이나 CD 장식장을 알파벳 순서대로 정리해 달라고 한다.
(5) 화분 퇴비, 어항, 새차 구입, 캠프 선택, 실내 정원 만들기를 계획하도록 한다.
(6) 가족 신문을 만든다.

아. 어린이 잡지를 구독하게 한다.

(1) 아무리 책을 싫어하는 자녀라도 '이건 내 책'이란 주인 의식이 있다면 책을 무시하지 못한다.
(2) 친척이나 가까운 이웃이 멀리 이사간 후 서로 편지 쓰기를 많이 하도록 유도하는 것도 좋은 방법이 된다.
※ 인터넷의 '인터포트' 온라인 홈페이지를 이용한다.
   Box 1 (6세 이하), Box 2 (7~8세), Box 3 (9~10세)
   Box 4 (11~12세), 책 이야기 방도 좋다.
(3) 펜팔 친구와의 관계를 유지하는 법은 다음과 같다.
   (가) 친구의 질문과 관심사에 성의 있게 대답케 한다.
   (나) 친구에게 자신의 고민, 꿈, 목표 등을 적게 하거나 물어 보게 한다.
   (다) 서로의 사진을 주고 받으며 이에 대한 설명을 하게 한다.
   (라) 통신보다 편지가 효과적이다.

자. 언어 경험을 만들어 준다.

(1) 글을 모르는 어린이에겐 단어나 문자를 읽어보게 하고 자신이 받아쓰기를 한다. 글을 알면 직접 쓰게 하고 간단한 주제를 선정하여 글을 쓰게 한다.

    (가) 가장 큰 소원은 무엇인가?
    (나) 가장 무서웠던 때는 언제인가?
    (다) 방학 때 놀러가고 싶은 곳은 어디인가?
    (라) 가장 친한 친구는 누구인가? 그 이유는 무엇인가?
  (2) 어린이가 직접 쓴 낙서나 글쓰기는 파일이나 바인더에 정리해 두도록 한다.

차. 가족 스크랩북을 만든다.

  가족 스크랩북을 만드는 것은 가족의 역사를 보존하는 좋은 방법이기도 하지만 교육적 경험이 더욱 크다. 어릴 때부터의 사진, 상장, 가족 사진, 입장권, 크리스마스카드 등을 모두 스크랩하면 독서에 효과적이다.
  (1) 동생이 할 일
    (가) 사진을 파일 안에 넣는 일
    (나) 사진과 기념품을 멋지게 배열하는 일
    (다) 사진을 보고 재미있는 설명 달기
    (라) 그림, 만화, 스케치로 스크랩북 장식하는 일
  (2) 형이 할 일
    (가) 사진과 기념품을 시간 순으로 정리하는 일
    (나) 사진과 기념품에 어울리는 해설과 긴 설명을 쓰는 일
    (다) 색인표를 만드는 일
  (3) 4~6학년의 가족 역사책 만들기를 한다.
  부모가 기억하는(친가와 외가 이야기, 부모의 어릴 때 이야기, 결혼 과정, 아이 낳을 때 이야기, 기르면서 놀라거나 슬픔 이야기 등과 가족 사진을 넣어 표지 만들기 등) 것들을 모두 적게 하거나 공동으로 책을 만든다.

카. 도서관 방문을 습관화한다.

  독서의 3대 조건으로 ①접근의 용이성, ②읽기의 용이성, ③흥미를 갖춘 곳이 도서관이다.

타. 명절, 국경일, 경조일 관련 도서를 충분히 활용한다.

설, 대보름, 단오, 추석, 동지, 식목일, 한글날, 크리스마스, 석가탄신일, 3·1절, 광복절, 개천절, 제헌절 등의 뜻을 알 수 있는 책을 사서 선물을 하면서 스스로 읽도록 유도한다.

하. 방학 도서 프로그램을 짜게 한다.

(1) 방학이 될 무렵 흥미를 가지는 여행, 답사, 정원 가꾸기 등의 책을 도서관에서 찾게 한다.
(2) 자녀와 함께 독서의 목표를 세우게 한다.
(3) 방학 중 독서 캘린더를 만들고 1권을 읽으면 스티커를 붙이게 한다.
(4) 읽은 책의 줄거리를 말해 달라고 한다.
(5) 정기적으로 도서관을 방문한다.
(6) 책나무를 만든다.
(7) 질문으로 독서 평가를 한다.

긴 여행길은 독서를 향한 모험의 길이다.
① 지도를 읽을 수 있으면 길을 안내해 달라고 한다.
② 자동차 번호 판 읽기, 스쳐가면서 간판 읽기 게임을 한다.
③ 여행 목적지의 정보 책을 소리내어 읽게 한다.
④ 끝말잇기 낱말 게임을 한다.
⑤ 우리나라 도청 소재지 알기, 시·도의 시·군·구 이름 알기를 익힌다.
⑥ 오디오 북을 읽도록 한다.

6. 책의 선택과 활용

가. 바람직한 독서 선택

좋은 책을 읽어야 하는 이유가 있다.
(가) 어린 시절에 읽은 책이 일생에 큰 영향을 미치고 있다.
  (1) 어린 시절에 시튼의 동물기를 읽고, 곤충학자가 될 결심을 한 헨리 파브르(Jean Henri Fabre)는 마침내 유명한 곤충학자가 되었다.
  (2) 빌려 온 책이 비에 젖어 망가지자 그 대가로 책 주인의 옥수수 밭에서 사흘 동안이나 일을 해서 갚았는데, 이러한 정신으로 링컨은 미국 대통령이 되었다.
(나) 좋은 책의 조건은 다음과 같다.
  (1) 어린이의 앞날을 진심으로 생각하는 출판사에서 만든 책이 좋은 책이다.
  (2) 어린이의 마음을 밝게 해 주는 내용을 많이 실은 책이 좋은 책이다.
  (3) 선생님이 추천한 책이나 부모님과 함께 가서 책을 사는 것이 좋다.
  (4) 현재 학교에서 공부하고 있는 여러 가지 내용과 관련 있는 책을 고른다.
  (5) 자기 자신과 관련된 책을 골라서 읽는다.
  (6) 작가나 작품에 얽혀있는 이야기를 알아본다
  (7) 책 속의 목차와 머리말을 먼저 읽어보고 선택해야 한다.
(다) 독서 자료의 종류는 다음과 같다.
  (1) 그림책(유아기나 1학년)
  (2) 옛날 이야기 책(옛 이야기, 우화, 신화, 전설)
  (3) 동물 이야기(동물에게 친근감을 가질 수 있는 내용)
  (4) 동화(신화, 전설의 발상에 근대적인 사상을 부여한 문학 형식)
  (5) 역사 이야기(역사적인 사실의 정확한 책, 이야기가 재미 있느냐 없느냐의 정도, 등장 인물, 때, 장소 등의 묘사가 생생하고 사실과 똑같이 묘사 되었는지의 여부 등)
  (6) 어린이 소설(소년 소설) : 톰소여의 모험, 톰아저씨, 집 없는 아이, 사랑

의 일가등이 대표적인 아동 소설이다.
- (7) 문학(소설, 희곡, 시와 동요, 기록보고, 전기, 일기, 기행, 편지 등) 즉, 세종대왕, 이순신 장군, 을지문덕 장군, 풀루타크 영웅전 등을 말한다.
- (8) 지식과 학술적인 도서(사전 종류, 도감)를 권장한다.
- (9) 어린이 신문과 잡지를 사 준다.

(라) 책의 선택 방법은 다음과 같다.
- (1) 내용이 재미있어야 한다. 어른들이 보기에 아무리 좋아도 아이들이 흥미를 느끼지 못하면 아무런 효과가 없다. 재미없는 책은 독서를 짜증나게 하고 책으로부터 멀어 지기만 하게 된다. 교훈성과 도덕성을 너무 지나치게 강조한 책이 바로 재미없는 책이 될 수 있다.
- (2) 감동을 주어야 한다. 재미만 있다고 좋은 책은 아니며, 책을 읽는 순간에만 쾌락을 주고 남는 것이 없다면 굳이 책보다 만화 영화나 컴퓨터 게임이나 다름없을 것이다. 책을 읽고 받은 감동들은 어린이들의 정서 발달에 도움을 주고 가치관을 내면화하는데 절대적임을 인지하여야 한다.
- (3) 올바른 활동의 모체가 되어야 한다. 올바른 역사의식을 갖게 하고 우리의 문화적인 정서에 맞아야 한다.
- (4) 쉬운 낱말, 간결한 문장을 사용하고 정서적으로 안정된 그림이 있는 책이어야 한다. 별 내용도 없으면서 문장을 길게 늘이거나 어린이들이 이해하기 어려운 낱말, 유치한 낱말을 사용하면 좋은 책의 자격이 되지 못한다.

(마) 나쁜 책은 다음과 같다.
- (1) 이해가 안되고 근거를 찾을 수 없는 기이한 현상이나 사건을 소재로 하여 공포, 불안, 흥분, 죽음 등 정서적으로 좋지 않은 분위기를 풍기게 하는 저속한 괴기 소설 등이 나쁜 책들이라 할 수 있다.
- (2) 신문이나 서점에서 선정한 베스트 셀러라고 해서 모두 좋은 책은 아니며 이들은 오로지 돈을 많이 버는 쪽으로 하여 판매한다. 자연의 훼손이나 환경 오염은 일시적일 수 있지만 그러나 마음의 양식인 독서의

공해는 어른이 되어도 영원한 것이다.

나. 바람직한 독서의 활용

> "세 살 버릇 여든까지 간다."
> "습관은 제 2의 천성이다."

이 말들은 어렸을 때 몸에 벤 습관이 매우 중요함을 일깨워주고 있다. 따라서 보건·위생과 관련하여 어려서부터 지켜야 할 올바른 독서법을 반드시 습관화하여야 할 것이다.

(1) 올바른 독서의 활용

(가) 바른 자세(의자에 똑바로 앉아 책과 눈의 거리는 30cm, 책과 눈과의 각도는 90°로 유지)로 책을 읽어야 한다. 엎드려 책을 읽는 것은 보건·위생에도 좋지 않지만 축농증 같은 병을 유발할 수도 있다.

(나) 책장을 넘길 때 침을 바르지 않는다.

(다) 오랫동안 독서를 할 땐 중간중간 쉬도록 한다. 시력을 보호하는 방법은 40분 읽고 10~20분간 쉬게 하는 것이다.

(라) 밝기가 알맞은 곳에서 읽어야 한다.
  ① 직사 광선을 피한다.
  ② 전등의 밝기는 60W 전구가 1m 떨어진 밝기로 한다. (약 500럭스).

(2) 재미있게 읽는 방법

(가) 항상 이 책은 정말 나에게 도움을 준다는 확신을 갖게 한다.

(나) 책 속의 주인공이 된 것처럼 생각하고 읽게 유도한다.

(다) 인내, 용기, 관용, 사랑을 배우도록 항상 유도한다.

(라) 옛 성현의 말을 풀이한 책을 몇 번이고 읽으면 다른 바람직한 책만 읽게 된다. 특히 '명심보감'을 풀이한 책이나 어린이 채근담, 어린이 생활의 길잡이, 어린이 명상집, 철학 교육 동화 등을 읽으면 다른 책들은 재

미있게 읽을 수 있을 것이다.
(마) 아름다운 마음은 곧 말과 행동을 아름답게 할 수 있음을 주지시킨다.
(바) 식사시간이나 가족이 모여서 쉬는 장소에 어린이들이 읽은 책들의 요점이나 내용을 재미있게 이야기하도록 유도한다.

7. 독서 능력을 높이는 방법

가. 집안에 독서할 수 있는 분위기를 조성해 주어야 한다.

집안에 어린이의 수준에 맞는 책의 종류를 많이 두어 흥미를 이끌어 내야 한다. 독서 습관은 말을 하는 것보다 행동으로 직접 보여주는 것이 중요하며 책 좀 읽으라고 자꾸만 잔소리를 하면 오히려 부담을 주거나 거부감을 불러 일으키게 될 수 있다.

나. 되도록 스스로 선택한 책을 읽게 한다.

수준이 낮더라도 질이 나쁘거나 해를 끼치지 않는 책이면 취미를 붙이게 하는 것이 중요하므로 그냥 읽게 두는 것이 좋다.

어린이의 흥미나 취미를 알아서 생일이나 크리스마스 같은 날에 책을 선물하거나 잡지를 정기 구독하는 방법도 좋을 것이다.

도서관에 가서 책을 고를 때도 반드시 어린이와 함께 고르고 도서관원에게 물어 보아 독서에 대한 적극적인 태도를 보여주는 것이 좋다.

다. 책을 읽는 시간을 정해 두어야 한다.

자기 전이나 식사 전에 책을 읽는다 하는 식으로 날마다 읽는 시간을 정해 둔다. 이 때 혼자서 책을 읽게 함도 좋지만 가끔 부모가 읽어주거나 녹음기를 틀어놓고 하거나 형제끼리 읽게 한다. 읽기 시작한 책은 정한 기일 내에 꼭 읽도록 해야 한다.

라. 보상해 줌으로써 책을 읽도록 한다.

물리적 보상이 아니라 진심으로 격려해 주는 일이다. 책 내용이 영화나 비디오로 나와 있으면 책을 다 읽은 후 영화나 비디오를 보게 한다.

마. 어린이들이 즐겨 읽는 책에 관심을 가지도록 한다.

어린이가 코끼리에 관한 책을 읽으면 다 읽은 후 동물원에 가서 직접 코끼리를 보여 주어 직접 체험케 하면 자연스레 또 다른 체험을 하고 싶은 욕구가 생기게 되어 관심을 갖는 범위가 늘어난다. 따라서 독서의 범위도 넓어지게 된다.
여행가기 전 사전에 그곳에 대한 책을 읽게 한다. 요리책이나 공예책을 읽힌 후 만들어 보는 것도 효과적이다.

바. 다른 사람 책과 자기 책을 구분해서 일정한 장소에 보관케 한다.

'도서관에서 빌려 온 책' '내 책'하는 식으로 표를 만들어 붙이게 하면 책에 대한 소중함도 배우게 되고 애정을 갖고 독서에 흥미를 느끼게 된다. 모서리를 접지말고 책갈피를 사용해서 책의 소중함도 인지시켜야 한다.

사. 어린이가 읽은 책은 색에 대해 대화할 기회를 마련하거나 토론해 본다.

식탁, 차안, 길을 산책하면서 언제든지 해도 된다.

아. 책 읽는 시간이 기다려지도록 유도해야 한다.

가끔 웃고 즐길 수 있는 만화책이나 잡지를 읽으면서 온 가족이 저녁을 재미있게 보내 보도록 한다.
한 번 시도해 보아서 잘 되면 1주일에 하루쯤 정기적으로 이러한 시간을 가져 책 읽는 시간이 기다려지도록 유도한다.
카세트 테이프로 나와 있는 명작을 들려주는 시간을 갖되 방학이나 휴가 때가 좋다. 또 명작에 대한 대화를 나눌 시간을 갖게 하는 것도 좋은 방법이다.

자. 세계적인 대문호도 글쓰기는 힘든다. 는 것을 주지시킨다.

세계적인 대문호 헤밍웨이도 '세상에서 가장 힘드는 일은 글을 읽고 글 쓰는 일'이라고 했다. 헤밍웨이는 20회도 넘게 고쳐서 가까스로 노트 1쪽의 글을 썼다고 한다. 독서를 할 수 있도록 하기 위해서는 자립심을 키워주어야 한다.
 자립심을 길러 주어야 한다.
 작은 일도 혼자서 처리 못하는 어린이가 글을 쓸 수는 없다. 작은 일부터 자신이 할 수 있도록 하는 것이 가장 중요하다.

8. 연령별 독서 지도 방법

> 자녀들이 특별히 좋아하는 책이 가장 좋은 책이다.

가. 1~3세 유아는 읽는 책보다 보는 책을 읽혀야 한다.

(1) 장정(책의 표지)이 튼튼하고 아무리 건드려도 찢어지지 않는 책을 고른다.
(2) 그림책이 좋다.
(3) 글이 있더라도 짧고, 내용은 단순해야 한다.
(4) 일상 생활에서 흔히 볼 수 있는 그림이 그려진 것이 좋다.
(5) 헝겊이나 향기를 풍기는 책도 감각 발달에 좋다.
(6) 책 크기도 다양하게 해 주어야 한다.
(7) 카세트 테이프가 함께 딸려 나오는 책이 좋다.
(8) 내용은 이런 것이 좋을 것이다.
  (가) 시나 동요는 꼭 듣게 한다.
  (나) 동화를 많이 읽어 준다.
  (다) 한 두 살부터 옳고 그름을 어렴풋이 판단함으로 가치관 정립에 관한 책을 읽혀 준다.
  (라) '이불' '장농' '침대' 라고 붙여 놓아도 3세 때는 500개의 물건명을 익

힐 수 있게 된다.

> 이 때는 책을 많이 접할 수 있는 환경을 만들어 주고, 도서관, 동화 구연 대회, 웅변 대회 등에 많이 데리고 가면(말귀가 안 뜨일 때) 언어 능력이 훨씬 빨라질 수 있다.

(마) 바람직한 책
① 코보 시리즈(코보가 구멍에 빠졌어요, 코보가 길을 잃었어요, 코보가 착한 일을 했어요)
② 피터 래빗의 그림책(피터 래빗의 이야기, 벤자민 바니의 이야기, 후르프시의 아이들)
③ 과학의 벗(기린의 여행, 코끼리)
④ 눈사람 이야기
⑤ 깊은 밤 부엌에서

나. 3~6세는 책을 사랑하는 마음을 길러 준다.

(1) 무릎에 앉히고 읽어 준다.

(가) 나이가 어린 어린이일수록 반드시 무릎에 앉히고 손가락으로 글자를 짚으면서 함께 소리내어 읽는 것이 좋을 것이다.
(나) 부모의 무릎은 따뜻한 사랑을 느끼게 된다.

(2) 카세트 테이프를 이용한다.

(가) 녹음기에서 나오는 말을 손가락으로 짚으면서 함께 소리내어 읽는 것이 좋다.
(나) 주요 장면이나 재미있는 부분은 대화를 나누거나 어린이에게 질문을 한다.
(다) 다만 어린이에게 책에 취미를 붙이게 하는 데에 의미를 두어야 한다.

(3) 읽기 시작한 책은 끝까지 읽어 준다.

독서에도 책임감이 필요함을 충분히 인식시켜 주어야 한다.

(4) 독서를 날마다 하는 일로 습관화 시켜야 한다.

부모와 같이 읽음은 독서가 하루 일과에 꼭 있음을 인식시키는 것이다.

(5) 어떤 책이 좋은지 알아본다.

- (가) 날마다 일어나는 일상 경험을 내용으로 하고 있고, 어린이와 비슷한 또래가 주인공으로 나오는 책이 좋다.
- (나) 줄거리가 간단하고, 분량이 너무 많지 않는 책이 좋다. 그러나 표현은 풍부하고 동작 묘사가 많아야 한다.
- (다) 노래 가사는 낱말을 익히는 훈련의 첫 걸음이 된다. 탈 것이나 공구, 옷이나 음식 같은 여러 가지 사물 설명을 한 책도 낱말 익히기에 도움이 된다.
- (라) 재미있는 동물 이야기, 주인공이 실수를 저질러 웃음을 자아내는 책이 정서 안정과 자신감을 길러 준다.
- (마) 반복되는 말이 많이 나오는 이야기나 시가 좋을 것이다.
- (바) 유머가 담긴 책이 좋은데 이 시기는 같은 걸 여러 번 읽어 주어도 잘 웃으며 언어로 남을 웃기고 자신도 웃는 세계로 발전할 수 있게 된다.
- (사) 1~2년 정도 수준이 낮은 책도 많이 읽으면 어휘력을 늘릴 수 있게 된다.
- (아) 권장할 만한 책
    ① 토끼 가족 이야기(통통이의 첫 무대, 아름이의 채소밭, 심술이는 용감한 탐험가, 춤추는 재롱이, 여우를 만난 뱅글이, 무서운 그림자 귀신, 산토끼 가족의 이사)
    ② 곰 사냥을 떠나자
    ③ 펭귄 마을 이야기(펭귄 피트, 펭귄 피트의 새 친구, 펭귄 피트와 페트)
    ④ 무지개 물고기
    ⑤ 나랑 같이 놀자
    ⑥ 바바 빠빠
    ⑦ 코보 시리즈

⑧ 개구쟁이 꼬마 원숭이(아프리카여 안녕, 신나는 페인트 칠, 따르릉 따르릉 비켜나세요.)
⑨ 바바 이야기(코끼리 왕 바바, 바바의 끝없는 모험)
⑩ 웅진 꾸러기 그림책(혼자 집을 보았어요, 장화가 줄었어요, 엄마를 바꿔줘요.)
⑪ 웅진 달팽이 과학 동산(나랑 같이 놀자, 넌 누구니?, 야 잘 한다, 살금살금 쿵쾅쿵쾅, 에이 또 놓쳤다. 무당 거미 알록이)
⑫ 올챙이 그림책
⑬ 꾸러기 깐돌이(사이좋게 그네를 타요, 깐돌이의 어흥놀이, 헤엄치는 게 좋아요)
⑭ 동물 가족 그림책(아이곰의 하품, 아기 코끼리의 똥, 아기 고양이의 딸국질, 아빠 두더지의 코 고는 소리, 아기 곰의 재채기, 오줌싸게 두더지 형제들, 아기 다람쥐의 눈물, 아빠 돼지의 멋진 방귀, 아빠가 쓰고 그린 그림책, 주사기는 요술쟁이, 키를 낮춰 주세요, 블랙홀 여행, 반쪽만 비추는 거울, 땅 속을 파내려 가면, 병아리 역장님, 하늘을 나는 목마, 고무 나무가 살아 났어요, 컴퓨터 가족의 불만, 딱다구리의 나무 사랑, 숲 속의 생일 잔치, 노랑 크레파스의 여행, 새로 산 꽃신, 뛰떼와 누뜨, 베굴떼굴 아기 돌맹이, 우석이가 주인이다, 종이꽃 진짜 꽃, 찍찍 쩩쩩, 병원은 싫어요, 피리 부는 허수아비, 네발 자전거 쌩쌩이, 양떼를 구한 무지개, 하늘 새 방울이, 순이와 어린 동생, 병원에 입원한 내 동생, 먹고 마시는 웃기는 이야기, 너구리와 도둑 쥐, 엄마 잃은 아기 참새, 도깨비를 빨아버린 우리 엄마, 구리와 구리의 손님, 코끼리 형님의 나들이, 새 둥지를 이고 다니는 사자 임금님, 여우를 골려준 들쥐)
⑮ 강우현 창작 그림 동화(사막의 공룡, 봄을 찾아준 아기 원숭이)
⑯ 한림의 그림책(심부름, 엄마가 좋아, 아기 토끼 호피, 아기 코끼리 올리, 큰 다람쥐와 작은 코뿔소, 친구를 찾은 아기곰 라르스)
⑰ 교육 동화(은혜 갚은 너구리, 엄마 쥐의 선물, 욕심쟁이 임금님)

⑱ 첫 발견 시리즈(곰, 코끼리, 지구와 하늘, 비행기)
⑲ 강가의 초롱이네 집 이야기(아기 까치의 생일, 개개비의 슬픔)

다. 6~9세는 혼자 읽는 습관을 길러 준다.

⑴ 어린이들의 무엇에 흥미를 느끼는지 알아내어야 한다.
자동차에 흥미를 느낀다면 자동차에 관한 지식을 많이 일러주고 비행기나 배, 자전거, 잠수함 등 탈 것도 소개해 주면 좋을 것이다.
⑵ 어렸을 때 부모가 읽어 주었던 책 중에서 어린이가 좋아하는 책이 있으면 이번에는 혼자 읽게 한다. 한 번 읽었던 책을 여러 번 읽는 것은 어휘 익히기에 가장 효과적인 방법이다.
⑶ 주요 낱말이나 구절이 여러 번 반복되는 책을 읽도록 한다. 이러한 책들은 이해력을 기르는데 도움이 된다.
⑷ 첫 문장이 짧은 책을 읽도록 한다. 나이가 어릴수록 문장이 간단해야 싫증을 나지 않게 할 수 있다.
⑸ 간단한 설명에 따라 무엇을 만들 수 있도록 된 책이 좋다. 쉬운 설명과 그림이 있기 때문에 혼자 힘으로 성취감을 맛볼 수 있게 된다.
⑹ 정서 불안을 없애기 위해 행복한 결말로 끝나는 책이 좋을 것이다.
⑺ 그림만 보고도 무엇을 뜻하는지 알 수 있도록 자세히 그려진 그림책들을 많이 읽혀야 한다. 그림을 통해서 스스로 어휘력을 기를 수 있는데 효과적 방법이다.
⑻ 권장할 만한 책
 (가) 어, 하마가 종이를 먹잖아요, 잿빛 토끼와 파란 장화, 한국 전래 동화집, 해바라기 얼굴, 겨자씨의 꿈, 파브르의 과학 이야기
 (나) 새를 날려 보내는 아저씨, 남북 어린이가 함께 보는 전래 동화, 백두산 민담, 큰 도둑 거문이, 한국 전래 동화집, 아가씨, 피리를 부세요, 까마귀 여섯 마리, 내꺼야, 비릴로의 동물 농장, 세상에서 제일 큰 집. 지나쳐 간 사람들, 제각기 자기 색깔, 나도 쓸모 있을 걸, 세상에서 가장 슬기로운 이야기, 어린이가 지구를 살리는 50가지 방법

(다) 가슴 펴고 어깨 걸고, 자연 과학 동화 전집, 가장 아름다운 것, 손톱만큼 적은 돈, 하느님의 눈물, 이상한 나라의 숫자들, 잠잠이, 장난꾸러기 기관차 추추마 들린느

라. 9~12세는 호기심을 유발하는 책을 많이 읽도록 한다.

이 나이가 되면 스스로 책읽기를 좋아하고 많이 읽는 어린이가 있는가 하면, 죽어도 책을 안 읽으려하는 어린이가 있을 수 있다.

(1) 책을 좋아하는 어린이의 지도는 이렇게 한다.
 (가) 논픽션을 권해 준다.
  실제로 일어난 신기한 사건에 부쩍 호기심이 많아질 시기이므로 어린이들이 좋아하는 논픽션을 많이 읽히면 책읽기에 재미를 붙게 할 수 있다.
 (나) 위인전을 많이 읽게 한다.
  이때는 책 속의 주인공과 자기를 견주어 판단하여, 그 주인공과 동일시하려는 경향이 강하다. 이 때 훌륭한 인물의 업적을 그린 위인전을 많이 읽히면 받는 강도가 높게 나타나게 된다.
 (다) 제 또래의 주인공이 나오는 책을 권한다.
  무엇보다도 주인공이 혼자서 어려움을 해결해 나가는 모험 이야기를 읽히는 것이 바람직하다. 흥미도 중요하지만 주인공이 곤경을 헤쳐 가는지에 더 관심을 보이는 시기이다.
 (라) 글의 분량이 많은 책을 사주기 시작해야 한다.
  두세 번 나누어서 읽을 수 있는 책을 사준다.
 (마) 탐정 소설을 많이 읽게 한다.
  이 시기의 어린이는 자신이 읽은 이야기가 너무 무서우면 자신의 감정을 소화하려고 하며, 다른 사람에게 들려주려고 하면서도 무섭고 끔직한 소설을 좋아하므로, 어린이의 마음을 읽고 이러한 책을 읽으면 칭찬과 격려를 해 준다.
 (바) 공상 과학 소설을 많이 읽게 한다.

어른들이 볼 때는 허무맹랑한 책이라 생각할 수 있으나 상상력과 창의력을 기르는데 많은 도움을 준다.
(2) 책을 안 읽는 자녀에 대한 지도 방법은 다음과 같다.
　(가) 첫 몇 문장에서 쉽게 호기심을 유발할 수 있는 책을 고른다.
　　① 비슷한 또래의 주인공이 나오는 책을 고른다.
　　② 독서를 끔직히 싫어하는 어린이에겐 부모가 두세 권쯤 골라 준다.
　(나) 부모가 직접 책을 골라서 사주는데도 안 읽으면 부모가 읽어 준다.
　　① 아들은 아버지가, 딸은 어머니가 읽어 주는 것이 더욱 효과적이다.
　　② 두 세 권의 책을 읽어 주면 놀랍게도 책을 좋아하게 될 수 있다.
　　③ 위 두 가지가 안 될 경우 전문의와 상담을 해 본다.
　(다) 재미있고 단순한 책이 좋다.
　　우선 책을 읽게 하는 것이 목적이므로 만화책으로 시작해도 잘만 하면 좋은 효과를 볼 수 있게 된다.
(3) 권할 만한 책
　(가) 거인 사냥꾼을 조심하세요. 즐거운 로저와 대머리 해적 압둘, 사랑의 선물
　(나) 하늘 끝 마을, 까치 가족, 문어는 바다 속 골목대장, 자연과 친구가 되려면
　(다) 내 어머니 흰 아침 나라, 민요 기행, 나뭇잎 교실. 사랑의 물감으로 온 세상을 그려요.
　(라) 별을 보는 아이, 훨훨 날아라 찌르레기야, 통발신을 신었던 누렁 소, 혼자서 크는 아이, 뚱보 학교의 뚱뚱보들, 과학을 빛낸 사람들, 늙은 자동차, 이상하고 신기한 무민 가족들
　(마) 마음을 열어주는 일기 쓰기, 어머니 사시는 그 나라에서는, 산으로 가는 고양이, 서울 아이들, 백범 김구, 윤봉길 의사, 이육사, 임꺽정과 일곱 형제들, 전태일, 차돌이는 환경 박사
　(바) 꼬마 옥이, 날개 달린 아저씨, 똘배가 보고 온 나라, 사과 나무밭 달림, 사랑하는 악마, 울면서 하는 숙제, 제주도 이야기, 진달래가 된 소

년, 도토리 예배당 종지기 아저씨
- (사) 몽실 언니, 송이네 여덟 식구, 아름다운 고향, 작은 어릿광대의 꿈, 해가 뜨지 않는 마을, 나만이 아는 나라, 니코 오빠의 비밀, 바보 이반의 이야기
- (아) 사람은 무엇으로 사는가, 사자왕 형제의 모험, 악어 클럽, 어여쁜 바실리아, 여덟 가지 진짜 이야기, 왕시겅의 새로운 경험
- (자) 우정의 거미줄, 행복한 왕자, 점득이네

마. 사춘기 청소년 자녀는 책을 스스로 선택하게 한다.

(1) 독서 지도 시 부모가 삼가야 할 것은 다음과 같다.

- (가) 잔소리를 하지 않는다.
  '책을 읽지 않으면 공부 못해, 성적이 나쁘면 대학도 못 가는 것, 너는 알기도 하니?'
- (나) 물질적인 보상을 해서는 안된다.
  '이 책을 다 읽으면 용돈을 올려 줄게.' '이 책을 다 읽으면 네가 원하는 비디오 테이프 사 줄게.' 한다면 지속적인 방법이 못된다.
- (다) 스스로 선택한 책을 놓고 무조건 야단쳐서는 안된다.
  '너는 나이가 몇인데 아직도 동화책을 읽니?' '고전도 많고 명작도 있는데 왜 이런 형편없는 책만 읽지?' 하면 안되며, 사춘기는 성에 대한 책을 많이 읽기 때문에 가치관이란 문제를 놓고 충분한 대화를 한다.
- (라) 책을 읽고 자녀와 함께 토론할 때는 자녀의 의견에 무조건 반대해서는 안된다.
- (마) 지나친 칭찬은 삼가 한다.
  사춘기 청소년은 지나치게 칭찬을 하면 역효과를 불러 일으킨다. 스스로 판단하고 선택하는 시기이다.

(2) 청소년 자녀의 독서 지도도 필요하다.

- (가) 부모로서 자녀 앞에선 늘 책 읽는 본보기를 보여 주어야 한다.

청소년 자녀는 부모의 말보다 행동에서 먼저 배운다.
(나) 집안 곳곳에 늘 읽을 만한 책을 비치해 둔다.
  ① 책이며 잡지, 신문 등이 눈에 띄기 쉬운 곳에 늘 있어야 읽을 마음이 생긴다.
  ② 무슨 책을 좋아하는지 선호도를 분석해야 한다.
(다) 직접 책을 고르게 하여 본다.
(라) 스포츠, 뮤직 스타, 취미 등을 잘 관찰하여 이에 관심을 갖게 하는 것도 좋을 것이다.
(마) 어떤 책도 독서 능력을 높일 수 있다.
(바) 청소년들이 주인공으로 나오는 책들은 부모도 함께 읽기를 한다.
  자녀의 공부에 대한 압박감, 감정 변화, 성(性)에 대한 호기심을 이해하는데 도움이 될 수 있다.
(사) 부모가 읽은 책이나 신문, 잡지에서 좋은 대목을 발췌해 두었다가 자녀와 같이 읽는다.
  ① 어른 대접을 받는 것 같게 됨으로 자녀가 기분 좋게 생각하게 된다.
  ② 아버지는 남자의 세계, 어머니는 여자 세계의 일들을 다룬 내용을 발췌해서 들려주면 더 한층 가깝게 느껴지고 이해도 깊어질 수 있게 된다.

(3) 권장할 만한 책

(가) 꼭 같은 것보다 다 다른 것이 더 좋아, 사랑으로 매긴 성적표, 스스로를 비둘기라고 믿는 까치에게, 갈 곳 없는 우리들 김, 알기 쉽고 재미있는 지구와 우주, 100가지 상식, 나의 라임 오렌지 나무, 내 작은 인생이 흔들려요.
(나) 생강 캐는 날, 젊은이의 자기 진단, 희랍 신화의 주인공들, 문학 에세이. 과학원 아이들
(라) 이 땅의 아이들과 함께, 걸리버 여행기. 죄와 벌, 꽃들에게 희망을, 새벽, 비오는 날 등

바. 독해력을 효과적으로 향상시키는 방법

> 가창력, 연주 기술, 운동 기능 등은 학교에서 배운 보람이라고 많이 하고 있지만 문장을 읽는 힘, 문장을 음미하는 일은 학교에서 받은 지도에 의해서 이루어 졌다는 생각을 많이 하지 않는 경우가 많다.

(1) 지도 시 수를 짧게 한다.

독해력에 대한 시 수를 너무 많이 할 필요가 없다. 이는 시 수를 많이 늘려도 잘 향상되지 않기 때문이다.

(2) 어려운 질문을 던진다.

(가) 어떻게 생긴 뿌리가 자랐습니까?
(나) 뿌리는 뽑혔습니까?
(다) 그래서 할아버지는 어떻게 하였습니까?
(라) 할아버지는 무엇이라고 말씀하셨습니까?

> - 할아버지는 어찌하여 '달다, 달다.' 두 번이나 되풀이 하였습니까?
> - 앞의 '영차'와 뒤의 '영차' 중에서 어느 쪽을 힘주어 읽어야 할까요?

(3) 자신의 생각 곧 해답을 기록하게 한다.

수학은 문제를 풀게 하고 체육 공부는 노래하면서 연주하게 하며, 미술 공부는 그리거나 만들게 함으로써 직접 체험케 하여 그 결과를 비교하는 전개 과정을 거치고 있다.

그러나 독해 지도는 각자의 의견을 주고받는 것이 최상의 방법이나 우수한 어린이들만의 참여로 비교나 음미가 제대로 되지 않아 표면적인 수업이 되기 쉬우며 독해력은 길러지지 아니하고 신장되지도 않게 된다.

어려운 질문에 답을 반드시 기록하게 한다. 단 1~2분 안에 짧게 쓸 수 있도록 하되, 지시어는 '간단하게 쓰세요.' 하고 판단의 이유나 근거도 함께 쓰게 한다.

(4) 답을 한정하고 정오(正誤)를 분명하게 한다.

> 삿갓을 쓴 돌부처는 마음 속에서 무엇이라고 말했을까요?

(가) 다음과 같은 답이 나올 것이다.
   ① 고맙다.
   ② 고맙다. 고마워!
   ③ 아! 이젠 차갑지 않구나
   ④ 미안해, 이렇게 해서…….
   ⑤ 고맙다. 이 다음에 맛있는 떡을 사 줄게.
   ⑥ 고맙다. 이 다음 설날에 선물 많이 사 줄게.

> 물음1. 이 가운데에 조금 이상하다는 느낌을 주는 것은 없습니까?

④, ⑤, ⑥이 느낌이 이상하다는 느낌이 든다는 답이 나오면

> 물음2. 이 가운데 지나치게 의례적인 응답은 없을까요?

이 물음에 ①이 지적 될 것이라고 예상된다.

> 물음3. ①과 ②의 다른 점은 무엇입니까?

질적으로 강조하는 점이 매우 다르다는 것을 해 나가면 독해력은 잠재적으로 길러 질 것이다.

(5) 보다 정확한 지적을 한다.

> 할아버지의 마음씨를 알 수 있는 곳에 밑줄을 그으시오.

에서

> 할아버지의 마음씨를 알 수 있는 곳이 다섯 군데 있습니다. 그 곳에 밑줄을 그으시오.

9. 독서 수준을 재는 방법

가. 유치원생의 평균적인 독서 수준

(1) 어휘력

 (가) 글자나 상징적인 뜻을 지니고 있는 그림에 관심을 보인다.
 (나) 제 이름을 쓸 줄 알게 된다.
 (다) 숫자는 1부터 10까지 알 수 있다.
 (라) 남의 말을 귀담아 들어 뜻을 헤아릴 줄 알게 된다.
 (마) 자기가 하고 있는 말의 뜻을 알게 된다.
 (바) 그림을 보면 그것의 이름을 알아맞힐 줄 알게 된다.
 (사) 글로 쓰인 말과 입으로 하는 말을 연결지어 생각할 수 있다.
 (아) 50~100개쯤 되는 낱말의 뜻을 알 수 있다.

(2) 지각능력

 (가) 비슷한 모음(아/와, 이/위 등)을 구별할 수 있다.
 (나) 그림의 색깔이나 모양, 디자인을 알아본다.
 (다) 한글 자모의 생김새를 알아본다.
 (라) 띄어쓰기를 하게 된다.

(3) 독해력

 (가) 글씨를 읽고 싶어한다.
 (나) 남이 글을 읽어 주면 좋아한다.

(다) 책에 관심이 많다.
(라) 책을 읽어 주면 요점을 잡을 줄 알고, 주인공의 이름도 파악한다.
(마) 이야기의 줄거리를 뒤섞어 놓아도 다시 차례대로 나열한다.
(바) 책의 위, 아래 방향을 구별 할 줄 알게 된다.

(4) 읽기 능력

(가) 글자를 읽을 때 발음을 정확히 한다.
(나) 읽을 때 눈동자를 왼쪽에서 오른쪽으로 바르게 움직인다.

(5) 표현 능력

(가) 뚝뚝 끊어진 낱말이 아니라 완성된 문장으로 표현한다.
(나) 자기 자신을 표현할 줄 알게 된다.
(다) 책에 무슨 내용이 쓰여 있는지 혼자서 말할 수 있게 된다.

(6) 테스트 글

(가) 어휘력 수준 테스트

> **장난감 자동차**
>
> "아람아, 내 장난감 자동차 보여줄까? 무지무지 빨라." 주원이가 아람에게 말했습니다.
> "우와, 정말! 굉장히 빠르고 크구나." 아람이가 대답했습니다.
> "그럼, 너 한 번 타 볼래?" 주원이는 제 장난감 자동차를 가지고 아람이랑 같이 놀고 싶어졌습니다.

소리내어 읽게 하여 틀리게 읽은 낱말의 수효를 세어 본다.
※ 채점 기준표
① 틀림이 없음 - 혼자 읽을 수 있는 수준
② 1~2개 틀림 - 지도 가능한 수준
③ 3개 이상 틀림 - 지도가 꼭 필요한 수준

(나) 독해력 수준 테스트

아래와 같은 질문을 하여 틀린 답의 수효를 세어 본다.

① 이 이야기에서 나오는 어린이들의 이름은 무엇인가요?
② 둘이서 무엇에 대하여 이야기하고 있지요?
③ 장난감 자동차는 누구 것인가요?
④ 아람이는 장난감 자동차가 어떻다고 했습니까?
⑤ 주원이가 장난감 자동차를 좋아하는 까닭은 무엇입니까?

> 정답) ① 주원, 아람 ② 장난감 자동차 ③ 주원 ④ 굉장히 빠르고 크다. ⑤ 빠르고 크기 때문에

※ 채점 기준표

① 1개까지 - 혼자서 읽을 수 있는 수준
② 1개, 1.5개, 2개 - 지도 가능한 수준
③ 2.5개 이상 - 지도가 꼭 필요한 수준

나. 1학년 어린이의 평균적인 독서 수준

(1) 어휘력

(가) 한글 자모를 차례대로 모두 쓸 줄 알게 된다.
(나) 특별히 안 가르쳐도 문장에서 알고 있는 낱말 수가 250-300개쯤 된다.

(2) 독해력

(가) 씌어진 글이 어떤 행동이나 이야기인지 알아본다.
(나) 책에 써 놓은 지시대로 따라할 줄 알게 된다.
(다) 글쓰기는 서투르지만 간단한 요점과 주인공의 주요한 사항을 알게 된다.
(라) 이야기를 뒤섞어 놓았을 때에 다시 차례대로 나열할 수 있다.
(마) 이야기를 자기 경험과 비교할 수 있다.

(3) 읽기 능력

(가) 발음이 정확하다.

(나) 더듬거리지 않고 음조(音調)를 제대로 표현해가며 읽는다.

(다) 이야기의 중요성에 따라 목청을 바꾸어 가며 읽는다.

(라) 글줄을 따라 머리를 움직이지 않고도 읽을 수 있다.

(4) 테스트 예문

시골 쥐와 서울 쥐

시골 쥐와 서울 쥐는 친구 사이였습니다.

하루는 시골 쥐가 서울 쥐를 시골로 초대했습니다. 시골 쥐는 서울 쥐를 잘 대접하려고 고구마, 감자, 콩, 조, 옥수수 등을 정성껏 차려 놓았습니다.

"시골 음식이라 변변치 않지만, 많이 먹어."

그러나 서울 쥐는 시골 쥐가 차려 온 음식에는 손도 대지 않았습니다.

"네 성의는 무척 고맙지만, 나는 이렇게 형편없는 음식은 못 먹겠어. 서울에서는 날마다 맛있는 음식만 먹는단다."

"어떤 음식을 먹는데."

시골 쥐가 물었습니다.

"고기, 생선은 물론이거니와 빵이며 과자 같은 음식을 먹지."

시골 쥐는 꼴딱 삼키며 서울 쥐가 하는 말에 귀를 기울였습니다.

"야, 근사하다. 나도 서울에 살고 싶은데."

"그렇다면 당장 나하고 서울로 같이 가자."

서울 쥐가 이렇게 권하자, 시골 쥐는 무척 좋아하며 서울 쥐를 따라 나섰습니다.

서울에 온 쥐는 눈이 휘둥그레졌습니다.

"와! 집들도 무지하게 크고 사람도 많구나."

서울의 거리는 너무 복잡해서 눈이 어지러울 지경이었습니다.

(가) 어휘력 수준 테스트

소리내어 읽게 하여 틀리게 읽은 낱말의 수효를 센다.

(나) 독해 능력 수준 테스트

아래와 같은 질문을 하여 틀린 답을 한 수효를 센다.

① 누가 누구를 초대했나?
② 시골 쥐는 서울 쥐에게 어떤 음식을 내 놓았나?
③ 시골 쥐는 음식을 대접받은 서울 쥐는 어떤 태도를 보였나?
④ 서울 쥐는 날마다 어떤 음식을 먹는다고 했나?
⑤ 서울의 거리는 어떠했나?

> 정답) ① 시골 쥐가 서울 쥐를 ② 고구마, 감자, 콩, 조, 옥수수
> ③ 먹지 않았음 ④ 고기, 생선, 빵, 과자 ⑤ 집도 크고
> 사람이 많아 눈이 어지러울 지경이었음

(다) 어휘력 - 독해력 종합 채점 기준표

독해력 \ 어휘력	0-1	2	3-4	5	6	7
0	★	▲	▲	▲	▲	●
1	★	▲	▲	▲	●	●
2	▲	▲	▲	●	●	●
3	▲	▲	●	●	●	●
4	▲	●	●	●	●	●
5	●	●	●	●	●	●

★ 혼자 읽을 수 있는 수준
▲ 지도 가능한 수준
● 지도가 꼭 필요한 수준

다. 2학년 어린이의 평균적인 독서 수준

(1) 어휘력

(가) 낱말 하나하나에 여러 가지 뜻이 있음을 안다.

(나) 비슷한 낱말을 구별할 줄 안다.

(다) 반대말을 안다.

(라) 220~250개 정도의 낱말 뜻을 알아 맞춘다.

(2) 독해력

(가) 책을 읽고 결론을 내릴 줄 안다.

(나) 어떤 결과가 되리라는 것을 예측할 줄 안다.

(다) 이야기의 참, 거짓을 가려낸다.

(라) 그림과 글이 함께 있으면 글과 그림을 연결할 줄 안다.

(마) 책에 적혀 있는 지시대로 따를 수 있게 된다.

(바) 주제를 파악할 수 있다.

(사) 이야기의 줄거리를 따라할 수 있다.

(아) 책의 차례를 보고 그에 해당하는 페이지를 찾아 볼 수 있다.

(자) 알맞은 제목을 찾아낼 수 있다.

(차) 책에서 원하는 정보를 찾아낼 수 있다.

(카) 읽은 이야기를 상상해서 극(劇)으로 만들 수 있다.

(타) 읽은 글을 그림으로 옮길 수 있다.

(파) 오래 전에 읽었던 책 내용을 다시 떠올려 이야기를 할 수 있다.

(하) 특별히 좋아하는 책이 생기기 시작한다.

(3) 읽기 능력

(가) 책을 읽을 때에 발음이 정확하다.

(나) 감정을 넣어 읽을 줄 알게 된다.

(다) 입술을 달싹이지 않고 머리를 움직이지도 않을 뿐더러, 소리를 내지 않고 책을 읽을 수 있다.

(라) 소리를 내지 않고 책을 읽는 속도가 소리내어 책을 읽는 속도보다 훨씬 빨라지게 된다.

(4) 테스트 글

혹부리 영감님

　옛날, 어느 마을에 얼굴에 커다란 혹이 달린 할아버지가 살고 있었습니다. 처음에는 조그마했던 혹이 점점 자라서, 이윽고 자루처럼 늘어졌습니다. 그러자 동네 아이들뿐만 아니라 어른들도 할아버지를 '혹부리 영감'이라고 놀렸습니다.
　혹부리 영감이 지나가면 아이들이 우르르 몰려 왔습니다.
　"혹부리 영감 지나간다!"
　아이들은 깔깔거리며 도망쳤습니다. 할아버지는 속이 상했습니다.
　"이 혹 때문이야, 이 혹을 떼어버릴 방법은 없을까?"
　어느 날, 할아버지는 나무를 하려고 지게를 지고 산으로 올라갔습니다.
　"나무하러 산에 올라오면 사람들이 없어서 좋아."
　할아버지는 꼬불꼬불한 산길을 따라 올라가, 바람소리, 새소리만 들리는 울창한 숲에 이르렀습니다.
　할아버지는 '후유!'하고 한숨을 쉬며 지게를 내려놓았습니다.
　"여기서 나무를 한 짐 해 가지고 천천히 내려가야겠다."

(가) 어휘력 수준 테스트
　소리 내어 읽게 하여 틀리게 읽은 낱말의 수를 세게 된다.
(나) 독해력 수준 테스트
　아래와 같이 질문을 하여 틀린 답의 수를 세어본다.
　① 할아버지의 별명은 무엇인가?
　② 혹은 어디에 달려 있나?
　③ 혹부리 영감이라고 놀려된 사람은 누구인가?
　④ 할아버지의 혹은 처음부터 컸나?
　⑤ 할아버지는 속이 왜 상했나?
　⑥ 할아버지는 왜 나무하러 산에 올라가는 걸 좋아하나?
　⑦ 할아버지가 나무하러 갈 때 가지고 간 것은 무엇인가?

⑧ 할아버지는 산길을 가다가 어디에서 멈추었나?
⑨ 할아버지를 놀리는 짓은 나쁜 짓인가?

> 정답) ① 혹부리 영감 ② 얼굴 ③ 동네어른, 아이(아이 모두) ④ 처음엔 작았음 ⑤ (혹 때문에) 놀림을 받아서 ⑥ 사람들한테 놀림을 받지 않아도 되므로 ⑦ 지게 ⑧ 바람소리, 새소리만 들리는 울창한 숲 ⑨ 어린이에 판단에 맡김

(다) 어휘력 - 독해력 종합 채점 기준표

독해력 \ 어휘력	0-1	2	3-4	5	6	7	비 고
0	★	▲	▲	▲	▲	●	★ 혼자서 읽을 수 있는 수준
1	★	▲	▲	▲	●	●	▲ 지도 가능한 수준
2	▲	▲	▲	●	●	●	
3	▲	▲	●	●	●	●	● 지도가 꼭 필요한 수준
4	▲	●	●	●	●	●	
5이상	●	●	●	●	●	●	

라. 3학년 어린이의 평균적인 독서 수준

(1) 어휘력

(가) 낱말 220~250 개쯤은 완전히 익힐 수 있다.
(나) 한 낱말이 문맥에 따라 여러 가지 뜻으로 쓰임을 안다.
   (예 : 약이 쓰다, 입맛이 쓰다.)
(다) 한 문장 안에서 중요한 낱말과 중요하지 않은 낱말을 구별해 낼 수 있다.
(라) 방향과 행동을 나타내는 말을 알고 있다.
   (예 : 던지다, 그림을 그리다. 이 쪽)
(마) 교과서에 나오는 낱말들을 알고 있다.

(2) 독해력

　(가) 요점을 잡으며 이야기의 줄거리를 섞어 놓아도 나열할 수 있게 된다.
　(나) 결론을 내릴 줄 알게 된다.
　(다) 이야기를 서로 연결 지을 수가 있다.
　(라) 원인과 결과를 알게 된다.
　(마) 전체 정리를 하며 책 내용을 대강 훑어 볼 수 있다.
　(바) 과제 해결을 위해 어떤 책이 필요한지 생각하게 된다.
　(사) 지도, 도표 등을 이용할 수 있다.

(3) 읽기 능력

　(가) 표현을 잘 해가며 읽는다.
　(나) 소리내어 읽으면서 이해를 잘 한다.
　(다) 손가락으로 글자를 짚지 않고 읽는다.
　(라) 속으로 읽으면서도 이해를 잘 한다.

(4) 듣기 능력

　(가) 남이 읽어주는 것을 제대로 알아 듣는다.
　(나) 남의 말을 듣고 지시대로 따라 할 수 있다.

(5) 독서 수준 테스트

(가) 테스트 글

> **영애의 꿈**
>
> 영애의 삼촌은 비행기 조종사로 일하신다. 삼촌은 영애에게 비행장을 구경시켜 주시겠다고 약속한 일이 있었다. 그 말을 듣고 영애는 비행기 조종사가 하는 일이나 비행장에 대한 내용이 쓰여 있는 책을 읽었다. 책을 읽을수록 하루라도 빨리 비행장에 가보고 싶었다.
>
> 드디어 영애는 삼촌을 따라 비행장을 구경하러 갔다. 삼촌은 비행기 표를 파는 곳과 짐 부치는 곳을 구경시켜 주었다. 그리고 비행기의 내부도 보여 주었다. 영애는 눈으로 보기 전에는 비행기 안이 그렇게 큰 줄을 몰랐다.
>
> 비행장에 다녀온 날부터 영애는 '나도 크면 비행기 조종사가 되어야지.'하고 다짐했다.

(나) 어휘력

소리내어 읽게 하여 틀리게 읽은 낱말의 수효를 센다.

(다) 독해력 수준 테스트

아래와 같이 질문을 하여 틀린 답의 수효를 세어 본다.

① 영애가 간 곳은 어디인가?
② 영애는 비행장에 구경가기 전에 어떤 준비를 했나?
③ 영애는 왜 그런 준비를 했을까?
④ 비행기 안은 어떠했나?
⑤ 비행기 안은 왜 그렇게 클까?
⑥ 비행기의 내부를 한 번 그려 보아라.
⑦ 영애는 왜 비행기 조종사가 될 꿈을 꾸었나?
⑧ 비행기의 조종사가 되려면 무엇을 해야 할까?
⑨ 너는 앞으로 무엇이 되고 싶은가? 왜 그런 꿈을 갖고 있는가?

정답) ① 비행장
② 비행기 조종사가 하는 일이나 비행장에 관한 내용이 쓰여 있는 책을 읽었음
③ 비행장 구경에 도움이 될 듯해서
④ 매우 컸음
⑤ 많은 승객을 태워야 함으로
⑥ 이 문제에 대한 답은 자녀에 따라 다름
⑦ 비행장을 구경한 뒤에 여러 가지가 마음에 들었으므로
⑧ 비행기에 관한 책을 더 많이 읽고 열심히 공부해야 함
⑨ 답만 하면 됨

(라) 어휘력 - 독해력 종합 채점 기준표

독해력 \ 어휘력	0-1	2	3-4	5	6	7	비 고
0	★	▲	▲	▲	▲	●	★ 혼자서 읽을 수 있는 수준
1	★	▲	▲	▲	●	●	
2	▲	▲	▲	●	●	●	▲ 지도 가능한 수준
3	▲	▲	●	●	●	●	
4	▲	●	●	●	●	●	● 지도가 꼭 필요한 수준
5이상	●	●	●	●	●	●	

마. 4학년 어린이의 평균적인 독서 수준

(1) 어휘력

(가) 모르는 낱말도 문맥을 통해서 뜻을 알아낼 수 있고 글씨들도 쓸 수 있게 된다.

(나) 형용사와 동사를 구별할 줄 알게 된다.

(2) 독해력

(가) 글을 읽고 나서 제목을 붙일 수 있다.

(나) 글을 읽고 그 내용을 요약할 수 있다.

(다) 알고 싶어하는 글을 찾고 외워두어야 할 내용을 알게 된다.

(라) 공부에 필요한 보조 자료를 이용할 수 있다.

(마) 자기 답이 맞는지 틀린지 확인할 수가 있다.

(바) 자기 생각을 요령 있게 쓸 수가 있다.

(사) 읽은 이야기를 자기 나름대로 해석할 수가 있다.

(아) 책을 읽을 때에 책 속에 흐르고 있는 감정의 흐름을 파악할 수가 있다.

(자) 글쓴이의 의도를 알아낼 수 있다.

(차) 이야기에 등장하는 인물의 성격을 파악할 수 있다.

(카) 요점을 찾고 요점에 따르는 보조 자료를 구분하여 정리할 수 있다.

(타) 요약한 것을 조리 있게 말로 표현할 줄 알게 된다.

(3) 독서 테스트

(가) 테스트 글

사막

사막은 날씨가 건조하고 무더운 곳이다. 어떤 사람들은 사막을 전혀 생물이 서식하지 않고 모래만 끝없이 펼쳐진 곳이라고 생각하기도 한다. 실제로 생물이 살지 못하는 사막도 있지만, 여러 종류의 동식물이 살고 있는 사막도 있다. 사막에서 살고 있는 동·식물들은 보통 많은 수분을 필요로 하지 않는다. 사막에 사는 식물 가운데에는 잎 속에 수분을 저장하여 오랫동안 비가 오지 않아도 살아 갈 수 있는 식물이 있다. 동물들은 수분을 지닌 이 식물의 잎을 먹음으로써 필요한 수분을 섭취한다.

사막에서 길을 잃고 헤매다가 마실 물이 없어서 목숨을 잃는 사람들이 있다. 그러나 동물들이 사막에서 생존하는 방법을 알고 있는 사람은 목숨을 잃지 않을 것이다. 그들은 사막에서 사는 동물들이 선인장에서 수분을 얻고 있음을 아는 사람들이다.

어떤 사람은 사막이 아름답다고 생각하고 거기서 살고 싶어 할지도 모른다. 그러나 또 다른 사람들은 사막을 전혀 아름답지 않은 곳으로 끔찍한 곳으로 생각할지 모른다.

(나) 어휘력

소리내어 읽게 하여 틀리게 읽은 낱말의 수효를 세어 본다.

(다) 독해력 수준 테스트

아래와 같이 질문을 하여 틀린 답의 수효를 세어 본다.

① 사막의 날씨는 어떠할까?
② 사람들은 보통 사막을 어떤 곳이라 생각하는가?
③ 사막에서 살고 있는 것에는 어떤 것이 있나?
④ 사막에서 살아갈 수 있는 동식물들은 어떤 특징을 가지고 있는가?
⑤ 사막에서 사는 식물들이 수분을 저장해 두는 곳은 어디인가?
⑥ 사막에서 살고 있는 동물들은 어디에서 필요한 수분을 얻는가?
⑦ '생존'이라는 말은 무슨 뜻인가?
⑧ 사막에서 살고 싶어하는 사람들은 사막을 어떻게 보는가?
⑨ 길을 잃고도 사막에서 살아 남은 사람들은 사는 방법을 누구한테 배웠는가?
⑩ 동물들은 물 한 방울 없는 사막에서 어떻게 살아 남는가?

> 정답) ① 건조하고 무더운 곳 ② 생물이 서식하지 않는 곳
> ③ 여러 가지 동, 식물, 선인장 ④ 수분을 필요로 하지 않음
> ⑤ 식물의 잎 ⑥ 선인장 등 식물의 잎
> ⑦ 살아간다. ⑧ 아름답다고 생각한다.
> ⑨ 사막에서 살아가는 동물 ⑩ 선인장 잎의 수분

(라) 어휘력 - 독해력 종합 채점 기준표

독해력 \ 어휘력	0-1	2	3-4	5	6	7	비 고
0	★	▲	▲	▲	▲	●	★ 혼자서 읽을 수 있는 수준 ▲ 지도 가능한 수준 ● 지도가 꼭 필요한 수준
1	★	▲	▲	▲	●	●	
2	▲	▲	▲	●	●	●	
3	▲	▲	●	●	●	●	
4	▲	●	●	●	●	●	
5이상	●	●	●	●	●	●	

바. 5학년 어린이의 평균적인 독서 수준

(1) 어휘력

　(가) 국어, 수학, 사회, 과학 같은 과목을 구분할 수 있게 된다.
　(나) 문맥을 통해 새로운 낱말의 뜻을 알 수가 있다.
　(다) 반대말과 비슷한 말을 구분할 수 있다.
　(라) 같은 음을 가진 낱말의 뜻을 구별할 수 있다.
　(마) 한 가지 말이 여러 가지 뜻으로 쓰임을 알 수 있다.
　(바) 상징적인 표현을 할 줄 알게 된다.
　　　(찬란히 떠오르는 태양과 같이 희망을 가집니다. 등)

(2) 독해력

　(가) 내용에 따라 어디에서 어떻게 정보를 찾아내야 하는지를 알게 된다.
　(나) 차례를 이용할 수 있다.
　(다) 글을 읽고 요점을 쓸 수 있다.
　(라) 공부 시간에 배운 내용을 요약할 수 있다.

(3) 독서 테스트

　(가) 테스트 글

> **원 숭 이**
>
> 　원숭이는 약 100가지 종류가 있다. 덩치로 보면 커다란 개만큼 큰 원숭이가 있는가 하면, 손에 쥘 수 있는 작은 원숭이도 있다. 어떤 원숭이는 얼굴색이 아주 붉으며, 흥분하면 더 붉어지기도 한다.
> 　원숭이는 종류에 따라서 둘씩만 짝을 이루어 살아가는 원숭이도 있고, 100마리도 넘게 떼를 지어 살아가는 원숭이도 있다.
> 　원숭이를 길들이려면, 나이가 들면 성질이 사나와지므로 어릴 때 길들이는 것이 좋다. 밤 원숭이 또는 올빼미 원숭이라고 불리는 원숭

> 이는 낮에 잠을 자고 밤에 돌아다니기 때문에 그런 이름이 붙었다.
> 어떤 원숭이는 마치 인간처럼 소리를 질러 화가 났음을 표현한다. 이렇게 소리를 지르는 원숭이 중에서 고함쟁이라고 불리는 원숭이는 3Km 밖에도 들릴 만큼 큰 소리를 낸다. 이런 종류의 원숭이들은 가장 힘이 세고 덩치가 큰 수컷을 우두머리로 삼고 있다. 우두머리 원숭이는 자기 자리에서 물러나면 무리에서 떨어져 나와 홀로 떠돌아다녀야 한다.

(나) 어휘력 테스트

 소리내어 읽게 하여 틀리게 읽은 낱말의 수효를 세어 본다.

(다) 독해력 수준 테스트

 아래와 같이 질문을 하여 틀린 답의 수효를 세어 본다.

① 원숭이는 몇 종류나 되는가?
② 덩치가 큰 원숭이는 얼마만큼이나 큰가?
③ 얼굴색이 밝은 원숭이들은 흥분되면 어떻게 되나?
④ 이 글에서 '떼'라는 말은 무슨 뜻인가?
⑤ 원숭이는 나이가 들기 전에 길들이지 않으면 어떻게 되나?
⑥ 밤원숭이나 올빼미 원숭이라고 불리는 원숭이에 그런 이름이 붙은 까닭은 무엇인가?
⑦ 원숭이들 중에는 인간과 비슷한 행동을 보이는 원숭이가 있다. 어떤 행동이 인간의 행동과 비슷한가?
⑧ 3km 밖에서도 들릴 만큼 큰 소리를 내는 원숭이는 어떤 원숭이인가?
⑨ 원숭이 무리 가운데서 가장 크고 힘센 수컷을 무엇이라고 부르는가?
⑩ 우두머리 원숭이는 자리에서 물러나면 어떻게 되나?

> 정답) ① 약 100가지
> ② 커다란 개 만큼 크다
> ③ 얼굴색이 더욱 밝아진다.
> ④ 목적과 행동을 같이하는 무리
> ⑤ 성질이 사나와 진다.
> ⑥ 낮에 자고 밤에 돌아다니기 때문에
> ⑦ 화가 나면 소리를 지르는 행동
> ⑧ 고함쟁이 원숭이
> ⑨ 우두머리
> ⑩ 무리에서 떨어져 나와 홀로 떠돌아 다녀야 한다.

(라) 어휘력 - 독해력 종합 채점 기준표

독해력 \ 어휘력	0-1	2	3-4	5	6	7	비 고
0	★	▲	▲	▲	▲	●	★ 혼자서 읽을 수 있는 수준
1	★	▲	▲	▲	●	●	▲ 지도 가능한 수준
2	▲	▲	▲	●	●	●	
3	▲	▲	●	●	●	●	● 지도가 꼭 필요한 수준
4	▲	●	●	●	●	●	
5이상	●	●	●	●	●	●	

사. 6학년 어린이의 평균적 독서 수준

(1) 어휘력

 (가) 문맥을 통해 낱말의 쓰임새를 이해하고, 접속사의 쓰임새를 구별할 수 있다.

 (나) 운율을 가진 언어의 아름다움을 알 수가 있다.(나리 나리 개나리 / 입에 따다 물고요 / 병아리떼 뽕뽕뽕 / 봄나들이 갑니다. 등)

 (다) 때와 장소에 따라 말을 가려 쓸 수가 있다.(속어나 존댓말 구별)

 (라) 반대말과 비슷한 말을 알게 한다.

 (마) 비유법을 쓴다.(예 : 눈과 같이 희다.)

 (바) 상징적인 말을 할 수가 있다.(예 : 비둘기는 평화의 상징이다.)

(2) 독해력

　(가) 공부 시간에 나름대로 정리하여 기록을 한다.

　(나) 사실이나 생각을 차례대로 나열한다.

　(다) 목적을 갖고 책을 빨리 읽을 수 있다.

　(라) 요점을 적을 수 있다.

　(마) 이야기 속에 등장하는 인물의 심리나 감정을 잘 파악할 수 있다.

　(바) 지시대로 따라 할 수 있다.

　(사) 결론을 내릴 줄 알게 된다.

　(아) 사실인지 아닌지 구분해서 읽을 수 있다.

　(자) 막히는데가 있으면 스스로 참고 서적을 이용할 줄 안다.(사전 종류)

　(차) 도표나 지도를 보고 해석할 수 있다.

　(카) 도서관을 잘 이용한다.

　(타) 신문을 읽고 중요한 기사가 무엇인지 찾아낼 줄 알게 된다.

　(파) 소리내지 않고 책을 읽을 때는 보통 1분에 낱말 180개쯤 읽을 수 있게 된다.

(3) 독서 테스트

　(가) 테스트 글

> **두더지**
>
> 　두더지는 몸 길이가 15cm쯤 되는 자그마한 동물이다. 돼지처럼 길고 뾰족한 코를 갖고 있고, 목은 짧고 두툼하며 꼬리는 분홍색이다. 귀는 털에 가려 잘 보이지 않는다.
> 　두더지를 땅 위에 내려놓으면 자꾸만 부드러운 땅을 찾아내어 파헤치려고 한다. 두더지는 일단 땅을 파기 시작하면 채 1분도 안되어 땅 속으로 사라져 버린다. 이따금 정원이나 잔디에 땅을 파헤친 흔적이 발견되는데, 이는 땅을 파헤치기를 좋아하는 두더지 때문이다.
> 　두더지는 땅 속에서 살기 때문에 일생의 대부분을 암흑 속에서 보낸다. 두더지의 집은 대개 풀잎으로 만든 둥지이다. 두더지의 집은 바위나 나무 줄기, 돌담 바로 밑에 있기가 쉽다. 그런 곳들이 위험을 막기에 좋기 때문이다.
> 　두더지는 대체로 지구의 북반구에 산다.

(나) 어휘력 수준 테스트
　소리내어 읽게 하여 틀리게 읽은 낱말의 수효를 세어 본다.
(다) 독해력 수준 테스트
　아래와 같이 질문을 하여 틀린 답의 수효를 세어 본다.
　① 두더지의 길이는 얼마나 되는가?
　② 두더지의 생김새는 어떠한가?
　③ 이 글에서 '털에 가려 있다.'는 무슨 뜻인가?
　④ 두더지는 땅 위에 내려 놓으면 어떤 행동을 하는가?
　⑤ 두더지는 땅에 내려 놓으면 땅 속으로 사라져버릴 때까지 얼마나 걸리나?
　⑥ 왜 사람들이 두더지를 좋아하지 않을까?
　⑦ 두더지는 생애의 대부분을 어디에서 보내는가?
　⑧ 두더지는 보통 둥지를 무엇으로 만드나?
　⑨ 왜 두더지는 바위, 나무 줄기, 돌담 바로 밑에 집을 지을까?
　⑩ 두더지의 서식지는 대개 어디인가?

> 정답) ① 약 15cm
> 　　　② 기다랗고 뾰족한 코에 짧고 두툼한 목을 가지고 있고, 꼬리는 분홍색이다.
> 　　　③ 숨겨져 있다.
> 　　　④ 부드러운 땅을 찾아 내어 파헤치려 한다.
> 　　　⑤ 1분 ⑥ 정원이나 잔디를 망쳐 놓기 때문에
> 　　　⑦ 어두운 땅속 ⑧ 풀잎
> 　　　⑨ 위험을 막을 수 있으므로
> 　　　⑩ 지구의 북반구

(라) 어휘력 - 독해력 종합 채점 기준표

독해력 \ 어휘력	0-1	2	3-4	5	6	7	비이고
0	★	▲	▲	▲	▲	●	★ 혼자서 읽을 수 있는 수준 ▲ 지도 가능한 수준 ● 지도가 꼭 필요한 수준
1	★	▲	▲	▲	●	●	
2	▲	▲	▲	●	●	●	
3	▲	▲	●	●	●	●	
4	▲	●	●	●	●	●	
5이상	●	●	●	●	●	●	

10. 읽기 부진아 지도 방법

가. 읽기 능력의 발달

 말하기는 형식적 지도 없이도 잘 배울 수 있으나 읽기는 형식적인 지도가 필요하다. 읽기는 숙련된 어린이는 특별히 힘들이지 않고 거의 자동적으로 이루어지나 글을 처음 배우는 어린이에게는 많은 노력이 요구되는 활동이다.

(1) 언어 추측 단계

 Mason은 '읽지 못하는 독자는 그들의 환경을 읽을 수 있을지 모르나 활사는 읽지 못한다.'라고 했다. 언어 추측 단계에서는 어린이들이 대체로 단순하고 기계적인 연합 전략으로 단어 재인(再認) 과정에 접근할 수 있다. 이는 Spitz가 말한 군분류화 또는 쌍연합과제에 접근하는 단계라고 할 수 있다.
 이 전략은 문법적, 의미적으로 적합한 단어를 알지 못하는 단어에 대치하는 것이다. 어린이는 시각적 글자와 언어 재인 단위를 점차 만들어가기 때문에 이 단계가 고정된 것은 아니다.

(2) 변별망 추측 단계

 어린이들이 전형적으로 모르는 단어를 아는 단어가 가지고 있는 것과 같은 자소(graphemic) 단서에 근거하여 반응한다. 앞 단계에서는 첫 자만을 사용하는 데 그쳤다면, 이 단계에서는 모양, 길이, 마지막 글자와 같은 부수적 단계가 레퍼토리에 더해진 것이다.

(3) 순차적 해독

이 단계에서는 새로운 단어를 해독하기 위해 조합 규칙을 사용한다. 순차적 해독에 있어서 소리내 보기 과정은 다만 각 글자와 소리 사이의 불변 관계를 사용하여 간단하게 왼쪽에서 오른쪽 방향으로 작용한다고 한다.

(4) 위계적 해독

어린이들이 '전문가'처럼 단어을 읽게 되는 유사한 철자의 단어도 구별하여 아주 정확하게 읽게 되면 이 단계에 도달된 것으로 인식한다.

나. 부진아의 읽기 문제의 양상

(1) 후천적 난독증

뇌 손상은 정도에 차이가 있겠지만, 때때로 글을 읽을 수 없게 되는 난독증을 초래하게 된다. 흔하지는 않으나 뇌 손상에 의해 나타나는 난독증을 후천적 난독증이라고 한다. 이를 대체로 다음과 같은 두 형태로 나누어 볼 수 있다.

 (가) 어느 정도 읽을 수는 있으나 이해하는데 어려움이 많은 경우이다.
 (나) 발음을 위해 문자 - 소리 규칙을 적용할 수 없는 환자의 경우이다. 이들은 가끔 단어를 시각 형태로 재인할 수는 있으나 단어의 소리를 사용할 수 없기 때문에 이를 난독증이라고 볼 수 있다.

(2) 발달 장애적 난독증

정상적 지능을 지니고 사회적, 환경적 결함이 없는데도 읽기 수준이 2개 학년 뒤쳐져 있는 어린이를 '발달장애적 난독증'이라고 한다.

읽기 지진과 발달 장애적 난독증이 잘 구별되지 않기 때문에 이를 비교하여 보면 다음과 같다.

읽기 지진	발달장애적 난독증
평균 IQ 80	평균 IQ 120
일반적인 발달 지연(걷기, 대,소근육 운동)등과 언어 지연	언어 발달 지연
남아가 54%임	남아가 76%임
예후가 좋음	예후가 별로 좋지 않음
외적, 신경적 특징이 있음	외적 신경적 특징이 별로 없음
기관 기능 장애(예 : 11% 뇌성 마비)	기관 기능 장애가 없음
가족간 발병 빈도 높음	가족간 발병 빈도가 별로 없음
낮은 지위 혹은 빈곤 가정에서 높은 발병	낮은 지위나 빈곤 가정에서는 별로 발병하지 않음

(3) 학습부진아의 읽기와 관련 인지적 특성

(가) 주의 집중의 어려움

읽기는 읽어야 할 자료에 주의를 집중하는 것을 필요로 하며 읽는 행위 그 자체에도 주의 과정이 필요하다. 눈 운동을 조절하고 특정한 단어에 초점을 맞추며 눈을 왼쪽에서 오른쪽으로 움직일 수 있게 한다.

읽기 부진아는 일반적으로 둘 이상의 자극 중에서 어느 특정한 자극, 혹은 중요한 정보와 덜 중요한 정보를 구별하여 반응하는 선택적 주의력이 부족하다. 또, 주의의 자동화(autonomy)에 관한 것으로 주의 자동화가 더디거나 제한되어 있기 때문에 읽기 과정에서 저조한 수행을 보인다는 보고가 최근에 나와 있다.

(나) 시지각의 결함

읽기에 문제가 있는 어린이는 읽기를 잘 하는 어린이에 비해 시·지각 자극을 처리하는 초기 과정에서 시각 정보를 처리하는 속도가 느리며(Stanley, 1975), 주어진 글자에 대한 주어진 시각적 분석을 위해 많은 시간을 요하고(Cliftion-Everest, 1976), 제시된 글자의 위치를 판별하는데 많은 오류를 범하는 것으로 나타났다.

(다) 음운 인식 및 음소 해독 능력의 부족

많은 실험적 연구들은 어휘를 읽는 음운과정(phonological processing skill)이 단어 재인 능력에 많은 비중을 차지하며 음운 정보를 사용하는 기술이 읽기 기술에 필수적임을 보여 준다. 문자 언어를 음성 언어로 바꾸는 재기호화 과정에서 '소리 내어 읽기'는 문자-음성화-의미 파악의 과정을 거친다. 결과적으로 해독이 잘 되지 않아서 단어들을 빨리 자동적으로 재인하지 못한다면 단어 재인에 요구되는 처리가 단기 기억에 부가적인 부담을 주어서 결과적으로 이해 과정에 유용하게 쓰일 자원을 감소시키게 된다(perfetti, 1977).

(라) 기억 능력

최근의 연구는 단기 기억 중 특히 작업 기억(working memory)의 기능 문제가 읽기 문제와 관련 있는 것으로 나타났으며, 작업 기억이란 언어 이해 과정에 관여하는 하위 처리 과정(읽기 능력, 소형 및 대형 구조의 형성 과정과 상황모형을 구축하는 과정)들이 일어나는 곳이다. 최근에 Swanson(1994)은 수동적이 단기 기억은 읽기 재인과 같은 낮은 수준의 처리에서 중요하지만, 핵심적인 읽기 이해나 추리와 같은 높은 수준의 실행 처리에는 작업 기억이 더 중요한 역할을 한다고 보고 있다.

(마) 독해 전략의 부족

학습부진아들은 특히 읽기와 관련하여 내용을 정확하게 인식하고 이해를 촉진하기 위해 요약과 같은 전략을 사용하는데 어려움이 많으며(Baroody, 1982), 지문의 난이도 수준에 민감하지 못하다. Baker & Barody(1984)의 보고를 볼때 여러 가지 자기 점검 능력을 제대로 활용하지 못하기 때문에 학습부진이 더욱 심화될 수가 있다.

다. 학습부진아의 읽기 지도

학습부진아 읽기 지도를 위해 일반 학급에서 사용하는 읽기 지도 방법과 교재를 그대로 적용하는 것은 바람직하지 못하다. 일반 학급에서 사용하고 있는 교재의 단어는 학습부진아들이 숙달할 수 있도록 반복되어 나오지 않으며 기초 독본의 단어들도 해독하기 어렵고 일반적으로 사용하는 말보다 어렵기 때문이다. 현재 학습부진아를 해결할 수 있는 다양한 방법이 나오고 있지만 실제 다인수 학급에 사용할 수 있는 방법은 많지 않다.

(1) 읽기 준비도를 위한 활동

읽기 준비도란, '읽기 학습에서 성공적인 결과를 얻기 위해 갖추어야 할 능력'을 말한다.

(가) 읽기 준비 활동 Check-list

1) 어휘

☐ ① 낱말과 문자에 관심을 보이는가?
☐ ② 활자화된 자신의 이름을 알아보는가?
☐ ③ 생각을 나타내는 어휘에 귀를 기울이는가?
☐ ④ 생각을 나타내는 어휘를 말할 줄 아는가?
☐ ⑤ 장소, 양을 나타내는 기본 단위를 이해하는가?
☐ ⑥ 물건과 그림을 논리적 범주 내에 따라 분류할 수 있는가?
☐ ⑦ 쓰여진 단어(문자어)와 말해진 단어(구어)를 연결할 줄 아는가?

2) 지각 기술

◆ 청각
☐ ① 두 세 개의 글자로 이루어진 단어가 발음되는 것을 듣고 따라 할 수 있는가?
☐ ② 단어들의 발음에서 차이를 구별할 수 있는가?
☐ ③ 단어의 길이를 구별할 수 있는가?
☐ ④ 첫소리가 같은 단어와 끝소리가 같은 단어를 변별할 줄 아는가?
☐ ⑤ 각문을 이루는 단어를 변별할 수 있는가?

◆ 시각
☐ ① 색깔, 모양, 방향, 크기, 글자, 단어들의 유사성과 차이점을 구별할 수 있는가?
☐ ② 단어가 시작되고 끝나는 부분을 아는가?
☐ ③ 7조각 정도의 퍼즐을 맞추어 부분과 전체를 시각화 할 수 있는가?
☐ ④ 눈동자가 왼쪽에서 오른쪽으로 움직이는가?

3) 이해력

◆ 관심과 능력
□ ① 읽기를 배우고 싶어 하고, 읽어 주는 것을 듣고 좋아하는가?
□ ② 책이나 다른 인쇄 자료에 관심을 보이는가?

◆ 이해력
□ ① 적절한 시간 동안 주의를 집중할 수 있는가?
□ ② 읽어 준 이야기를 듣고 중심내용, 주인공 이름, 주요 세부 사항을 기억할 수 있는가?
□ ③ 시간을 논리적인 순서에 따라 배열할 수 있는가?
□ ④ 말로 지시된 사항을 따를 수 있는가?
□ ⑤ 책을 볼 때 앞에서 뒤로 왼쪽 페이지에서 오른쪽 페이지를 보는가?
□ ⑥ 보통의 책이 전개되어 있는 방법(왼쪽에서 오른쪽, 위에서 아래로)을 아는가?

4) 구어 표현

□ ① 자발적으로 자신의 생각을 표현할 수 있는가?
□ ② 자기 생각을 문장, 그림으로 표현할 수 있는가?
□ ③ 5개의 단어로 된 문장을 기억하고 똑 같이 표현할 수 있는가?
□ ④ 이야기를 듣고 자기 말을 재현할 수 있는가?

5) 기타

□ ① 신체 각 부위를 바르게 이해하는가?
□ ② 시각 - 운동 협응에 문제가 없는가?
□ ③ 정의적 성숙(가족 관계, 또래 집단, 공동체의 역동 관계)이 이루어 졌는가?

(나) 단어 식별 지도

읽기 부진아의 성공적인 읽기 지도를 위해서는 우선 반복적이고 명확한 교수 방법을 사용하여야 한다.

읽기 부진아의 읽기 교육은 철자 - 음관계를 기초로 새로운 단어들을 발음할 수 있게 해 주어야 한다. 그리고 단어를 음절로 나누어 인식하고 각 음절을 발음하기 위해서 음이 결합되는 것을 가르쳐야 한다.

♣ 받침 없는 글자 익히기

1. 다음 그림에 따라 읽어 봅시다.

컵　　　　　　　사자　　　　　　　아기

2. ㄱ 과 ㅓ가 만나면 무엇이 될까요?

ㄱ	+	ㅓ	☞	

3. ㅁ 과 ㅏ가 만나면 무엇이 될까요?

ㅁ	+	ㅏ	☞	

4. 사자, 아기를 위와 같은 방법으로 만들어 봅

ㅅ	+	ㅏ	☞		ㅈ	+	ㅏ	☞	
ㅇ	+	ㅏ	☞		ㄱ	+	ㅣ	☞	

　(다) 의미를 중심으로 한 단어 지도

해독 기술이나 단어 찾기 기술을 가르치기보다는 같은 맥락 속에서 의미를 가지고 직접 단어와 문장을 연관시키는 방법으로 교사 주도 읽기 방법, 언어 경험 방법, 회기 회복법으로 한다.

1) 교사 주도 읽기 방법

> (1) 어린이가 좋아할 모험담, 환타지, 유머 내용을 담은 글을 한 가지만 선택한다.
> (2) 큰 소리로 읽어 준다. 직관적으로 사고하고 전체에서 부분으로 혹은 구체적인 것에서 상징적인 것으로 역행하여 생각하는 통괄적 독자(global thinker)들은 먼저 큰 그림(전체 개요)을 보아야 하기 때문에 혼자 읽기 전에 큰 소리로 듣게 해 주는 것이 이야기 이해에 도움이 된다. 청각적 학습자들에게는 크게 읽는 동안 음악을 듣거나 헤드폰을 활용하게 한다.
> (3) 녹음한 짧은 부분을 듣게 하거나 친구들에게 큰 소리로 읽어 주게 한다.
> (4) 읽은 것에 대한 내용을 토론하게 한다.
> (5) 특정한 읽기 기술을 가르친다. 기술을 어떻게 사용하는지 옆의 짝에게 각자 생각하게 하는 바를 크게 말하게 한다.
> (6) 아동들이 읽은 부분의 어휘를 '어휘 속성 차트'란 글 내용에 있는 낱말을 가르치기 위해 단어에 대한 속성들을 도표화한다.
> (7) 이야기의 다양한 요소가 어떻게 관련되어 있으며, 어떻게 될지 이해하도록 이야기 지도를 만들어 본다(마인드 맵과 같음).
> (8) 다른 자료를 가지고 위의 차례로 반복한다.

2) 언어 경험 방법

> 이 방법은 모든 언어 기술을 포함하는 통합적인 접근 방법으로 이야기를 들음으로써 청각적인 형태, 글을 씀으로써 소근육의 활동, 글을 읽음으로써 시각적인 형태가 통합되도록 하는 것이다. 주로 초등학교 1, 2학년에 많이 적용하고 있으며, 읽기 행위를 구성하는 요소들이 어떻게 관련되어 있는가를 이해하게 하는데 도움을 준다.
> (1) 형제, 애완 동물, 좋아하는 TV 쇼, 자랑스런 순간 어린이와 관련이 있는 주제의 글을 4~6문장으로 말하게 한다.

> (2) 교사는 어린이들이 말한 대로(잘못된 것까지 모두) 문장을 적으며, 정확한 생각을 해서 매 문장은 새로운 줄에서 시작하고 단어들은 일정한 공백을 유지하도록 한다.
> (3) 교사는 단어와 구절을 가르치면서 읽게 한다. 수준에 따라 문장의 길이는 가감하도록 한다.
> (4) 어린이들이 문장을 읽을 수 있도록 며칠 간의 시간을 준다.
> (5) 문장을 쉽게 읽게 될 때는 문장을 단어 조각으로 나눈다.
> (6) 어린이 자신의 단어를 적게 하고 한 쪽 카드는 글씨를 쓰고 다른 쪽 카드는 그 뜻을 적도록 한다.
> (7) 언어 경험이 익숙해지면 실제 이야기를 찾아 사용하되 단어함에 단어가 많이 있는 이야기를 선택한다.

3) 이해 기술 지도

읽기의 목적은 해독 기술을 숙달하는데 있는 것이 아니라 읽는 것으로부터 의미을 획득하는 것이다.

가) 유창성 지도

'부진아는 해독과 이해를 위해 필요한 주의 능력이 제한되어 있다.'(Laberge & Samuels, 1974)고, 하고 있듯이 잘 읽지 못하는 어린이가 유창하게 읽는다는 것은 문제가 있으므로 단이 발음에 집중히되 이해에 대한 것에도 약간의 중점을 두고 지도해야 할 것이다.

나) 이해 전략

읽기 부진 어린이들은 읽은 것을 이해하고 조정하기 위한 전략을 사용하는 데에도 어려움이 많다. 특정한 이해력 기술은 연습을 통해 그 능력을 개선시킬 수 있으나 어린이의 수준에서 충분히 이해할 수 있도록 하는데 있다.

(2) 기타 학습 전략

(가) 탐색 전략 훈련

주어진 질문에 올바른 대답을 하기 위해서는 충동적으로 대답하는 경향을 줄이고 멈추어 듣고 생각하는 것을 연습시킨다. 정확한 답을 하기 위해 체계적으로 탐색할 수 있을 때까지 반응을 지연시키는 전략이다.

(나) 언어적 시연

자신이 당면한 문제를 명료하게 하기 위해서 스스로에게 말하도록 하는 기법으로 글을 읽다가 이해하는 데 어려움이 생기면 직면한 문제를 언어화 시켜서 소리 내어 말해 보도록 한다.

(다) 자기 면접

자신의 반응을 점검하는 능력이 없으므로 의미가 없거나 부적절한 대답에 대해 점검할 수 있는 능력을 갖추도록 한다.

(라) 질문 전략

질문의 형태에 따라 다양한 사고들을 촉진할 수 있으므로 단순히 세부사항에 대한 회상을 요구하는 질문보다는 어린이들이 추측하고 설명하고 판단할 수 있는 질문들을 미리 계획하여 실시하도록 한다.

읽기 부진아는 원인을 먼저 밝히고 어린이들의 특성에 따라 지도 방법과 프로그램을 다양화 하는 길만이 읽기 부진아를 구제할 수 있는 길임을 명심해야 할 것이다.

11. 독서 치료

가. 독서 치료의 정의

Doll과 Doll(1997) '전반적인 발달을 위해 책을 사용하며, 책은 독자의 성격을 측정하고 적응과 성장, 정신적 건강을 위해 사용되기도 하는데 그 책과 독자 사이의 상호작용 과정'이 독서 치료라고 하였다.

나. 독서 치료의 목적

(1) Doll과 Doll(1997)의 견해

(가) 책을 읽는 어린이 개인에 대한 통찰과 자기 이해를 증진시키고자 하는 것이다.

(나) 정서적인 카타르시스(catharsis : 등장인물과 동일시함으로 정서적, 심리적 이완을 하는 것)를 경험하기 위한 것이다.
(다) 매일 매일의 문제들을 도와주기 위한 것이다.
(라) 다른 사람에게 하는 행동이나 타인과 상호작용하는 방식들을 변화시키기 위한 것이다.
(마) 어린이는 책을 읽고 느낌을 다른 사람에게 공유하면서 토의 집단에 연결되어 있다는 유대감을 가져 타인과 효율적이고 만족스러운 관계를 증진시키기 위한 것이다.
(바) 불우한 가정생활을 하는 어린이에게 독서 치료는 유용한 정보를 준다.
(사) 어린이는 책읽는 즐거움 때문에 책을 읽는다. 따라서 문학 작품과 영화가 주는 즐거움은 치료과정에서 중요한 공헌을 하며 이것은 독서치료의 가장 기본적인 목적이라고 할 수 있다.

(2) Hynes와 Berry(1994)의 견해

(가) 독서 치료를 통해서 치료 대상자들이 독서 치료 자료나 일상적인 삶에 대해서 느끼는 심상, 개념, 정서 반응 등을 촉진하고 공부를 하게 될 수 있다.
(나) 독서 치료 과정은 치료 대상자들이 미의 특성들을 경험할 수 있는 기회를 제공함으로써 반응하는 능력을 향상시켜 준다.
(다) 독서 치료는 주의를 집중할 초점을 제공하고 집중력과 정신적인 훈련을 발달시킬 수 있도록 도와줌으로써 치료 대상자들의 반응하는 능력을 증가시키게 된다.
(라) 치료 대상자의 감정을 인식하고 이해하도록 도와주는 것이다. 즉, 감정이입을 시킬 수 있는 자료가 되는 것이다.
(마) 단순한 자료일지라도 상당한 자부심을 느낄 수 있는 기회가 된다.
(사) 치료 대상자가 과거를 회상함으로써 서로 생각하면서 느낄 수 있는 기회가 되며 토론을 통해서 과거의 경험들을 공유할 수 있도록 하는 치료적 의미를 가질 수 있다.
(아) 자신의 의견을 표현함으로써 자아를 확인할 수 있다.

(자) 인간은 사회적 동물이다. 따라서, 인간은 혼자서는 살 수 없으며, 그 존재 의미도 찾을 수가 없다. 따라서, 치료 대상자 자신과 밀접하게 관계를 맺고 살아가는 타인들과의 상호 관련성에 대해서 잘 인식할 수 있도록 도와주는 것이다.
(차) 독서 치료를 통해 현실을 보는 견해를 확장함으로써 현실에 적응하도록 돕는 것은 독서 치료 집단과 치료 대상자들의 특성에 따라 다르다. 현실에 대한 적응을 돕기 위한 단계는 다음과 같다.
  1) 학습 부진아에게 현실의 관계를 맺어줄 수 있는 가장 효과적인 수단이라고 할 수 있다.
  2) 자신이 의식적인 생각과 기억들을 가지고 자신의 정서적·사회적·심리적인 실생활에 대해 탐색할 수 있는 기회가 된다.
    ☯ 실존적 문제에 직면하도록 도와 줄 수 있다.(충분한 이해가 되도록 쉬운 말로 유도하여 준다)
      가) 삶은 때로는 불공정하고 불공평하다.
      나) 인간은 누구도 고통과 즐거움으로부터 벗어날 수 없다.
      다) 사람은 홀로 세상에 나설 수 없다.
      라) 사람은 결국 삶과 죽음에 관한 문제들을 직면할 수 밖에 없으므로 삶을 더욱 진지하게 그리고 하찮은 일들에 휘말리지 않도록 열심히 살아야 한다.
      마) 사람은 결국 자신의 삶을 살아가는 방식에 책임을 져야만 한다.

다. 독서 치료의 과정과 특성

(1) 독서 치료는 연속적이다.
  독서 치료의 4단계는 대체로 동일한 순서로 진행되지만, 개인마다 서로 다르고 그 단계들이 일정한 속도로 이루어지는 것이 아니므로 한 단위마다 이루어지는 것이 아니고 연속적인 것이다.
(2) 독서 치료는 창의적이다.(쌍연합 과제, 군분류화, 주사위 놀이 등)
(3) 독서 치료의 요인은 언어이다.

라. 독서 치료자의 고려해야 할 사항

(1) 어떻게 하는 것이 바람직한 것인지 자신의 행동을 통하여 솔직하게 표현해야 한다.
(2) 참여자에 대한 개인적 정보를 사전에 알아야 한다.
(3) 개인 또는 그룹 구성원을 편하게 해 줄 수 있는 방법을 결정해야 한다.
(4) 집단 구성원들이 처음의 반응 패턴을 극복하여 더 높은 신뢰 수준으로 옮겨가는 시점을 인식해야 한다.
(5) 치료자가 갖고 있는 일반화된 목적을 인식해야 한다. 치료자가 갖고 있는 특정 목표의 가치를 분석한다. 그것들을 발전시킬 특별한 전략과 주제를 조사한다.
(6) 기간 동안 교사(부모)가 선택한 전략과 주제를 조사한 후, 그럼 전략과 주제에 대해 폭넓은 이해를 가지고 식견을 넓히며, 만약 교사(부모)의 접근 방법과 자료가 제한된 범위 내에서 선택된다면, 스스로 한계를 느끼고, 치료대상자의 치료적 욕구에 대하여 어떻게 했는지를 평가한다.
(7) 치료 대상자의 역할은 자기 이해를 촉진시키는 것이지 가르치거나 설명하는 것이 아니며, 교사(부모)의 개입이 치료 대상자들에게 자신의 일을 잘히도록 격려해 주고 있는지를 평가한다.
(8) 혁신적 기법에 관한 필요성과 욕구가 어느 정도인지 파악하는 것이 중요하다.
(9) 모든 사람을 존중하는 방법으로 치료대상자의 행동과 언어적 반응을 유도하기 위한 경계를 설정할 의무가 있음을 인식해야 할 것이다.

마. 독서 치료의 활동

독서 치료는 오로지 도서만이 아니고 도서(소설, 동화, 전기, 자서전 등)를 포함하여 영화, 슬라이드, 일기, 녹음테이프나 녹화테이프, 시, 잡지, 일기 등 다양한 재료를 이용할 수 있다.

(1) 독서 치료의 중심 활동

번호	활동명	활동 목표	활 동 내 용	비 고
1	자서전	▪ 어린이로 하여금 자신을 노출하도록 하는데 도움을 준다.	▪ 언어 사용에 능숙한 어린이는 격려를 받으면 그들이 생활하면서 중요했던 사건들을 중심으로 자서전을 쓴다. ▪ 잘 쓰지 못하는 어린이들은 녹음기에 자신의 이야기를 녹음할 수 있다. ▪ 자신이 만든 것은 자신이 간직할 수 있게 한다.	▪ 상담의 초기 단계에서 이용되며, 어린이들은 보통 자기 노출을 시작하고 또 촉진자와 상호 작용을 하기 시작한다.
2	생활선 (lifeline)	▪ 어린이들에 대한 개인적인 신상 정보를 알 수 있다.	▪ 어린이는 20×28cm 정도의 종이 위에 긴 직선을 긋는다. ▪ "이 그림은 너의 출생을 가리키는 것이야. 네가 생활하면서 가장 행복했던 때와 가장 슬펐던 때를 생각하고서 그것이 일어났던 때를 선 위에 표시해 보겠니? 그리기보다 말로 표현하고 싶으면 그렇게 해도 돼."라고 어린이에게 말해준다. ▪ 어린이가 생활선을 그리는 동안 상담자는 그가 그린 사건에 대하여 간단하게 이야기하도록 유도한다.	▪ 이러한 활동이나 어린이의 자서전에 대해 이야기하는 과정을 기록해 두면 유용하다.

(2) 상담의 중간 단계에서 사용할 수 있는 활동

번호	활동명	활동 목표	활동 내용	비 고
3	• 이야기 나 시 완성 하기	• 이야기를 창의적으로 구성할 수 있고, 의사소통을 할 수 있다.	• 어린이의 상담 중에 경험하는 특별한 저항이나 난관에 기초하여 진행자가 몇 줄 정도 길이의 이야기를 쓴다. • 어린이에게 그것을 읽도록 하고 이야기나 시의 다음 부분을 이어서 완성하도록 한다. • 어린이가 참여할 수 있고, 참여하려고 하는 한 이런 형태로 치료자는 어린이와 상호 작용을 할 수 있다.	• 어린이의 저항이 너무 강할 때는 강요하지 않는다.
4	• 유언 사망 기사 비문	• 문제에 저항하는 것에 대하여 더 큰 통찰력을 발달시킬 수 있다.	• '만일 네가 오늘 죽는다면 가족들과 친구들에게 마지막으로 무슨 말을 하게 될까?' • 어린이들은 자기가 어떤 사람이었는가 혹은 어떻게 기억되기를 바라는가를 정확하게 설명하는 비문이 새겨진 묘비를 그리거나 사망기사를 씀으로써, 자기 자신에게 초점을 맞추도록 도움을 받는다.	
5	• 편지 쓰기	• 타인과의 의사 소통능력을 증진시킨다.	• 어린이들은 보통 흥미있었던 일과 재미있게 하고 있는 일에 대해 쓰지만 거의 대부분이 편지의 끝 부분에는 '나는 당신을 사랑합니다.'라고 표시한다. • 독서 치료의 종결 무렵에는 치료자와 계속 사랑을 주고 받으려는 요구가 크다. • 치료자는 답장에서 어린이들의 긍정적인 행동들을 강화하고 치료자 역시 어린이들을 그리워하고 사랑하고 있음을 알게 해야 한다.	• 편지 쓰기는 어린이가 친구들과 의사소통을 하는 데 있어 자연스럽고 재미있는 교육적인 활동이다.
6	• 일기 쓰기	• 자신의 감정이나 느낌을 표현할 수 있다.	• 연령이 높은 어린이들의 편지에는 표현하지 않던 자기의 속마음을 일기에 쏟아놓는 경우가 많다. • 일기를 씀으로써 자유 연상을 한다. • 종종 어린이들은 자기의 꿈을 일기에 털어 놓기도 한다.	• 개인의 일지나 일기는 직접 대면하는 관계를 중시 하는데 가장 효과적인 방법이며 이것은 프라이버시를 지켜준다.

(3) 독서 치료의 추후 활동

(가) 창의적인 글쓰기의 추후 활동

번호	활동명	활동 내용	비고
1	☆ 책 요약 하기	☆이야기 속의 등장 인물과는 다른 인물의 관점에서 책의 내용을 요약, 전개해 보기	
2	☆주인공의 시간선 만들기	☆이야기 속의 인물의 시간선(time-line)을 만들어 보고, 어린이 자신과 이야기 속의 인물의 시간선을 비교해 보기	
3	☆일기 쓰기	☆이야기 속에서 인물의 일기 창작하기	
4	☆편지 쓰기	☆책 속의 인물이나 다른 친구에게 편지 쓰기 ☆책 속에 쓰여진 상황에 대해 책 속의 인물에게 예를 들어 '사랑하는 오소리 아저씨에게'등으로 편지 써 보기	
5	☆창의적 구상하기	☆이야기의 결말을 다르게 구상하기	
6	☆뉴스 쓰기	☆책에서의 사건에 대해 설명하는 뉴스 쓰기	

(나) 미술 활동

번호	활동명	활동 내용	비고
1	☆사건 그림지도 만들기	☆책에서 주어진 것과는 다르게 어린이의 미술적인 기술로 이야기 속의 사건을 그림 지도로 만들기	
2	☆인형 만들기	☆책의 장면을 다시 만들고, 이야기 인물의 인형 만들기	
3	☆콜라주	☆두꺼운 하드보드지에 잡지에서 오려낸 그림과 글자를 붙임으로써 이야기에서 나온 사건을 꾸며 보기 (콜라주)	
4	☆연속 그림 그리기	☆책 속에서의 중요한 사건들을 연속해서 그림으로 그리기	
5	☆모빌 만들기	☆자신이 그린 그림이나 잡지에서 잘라낸 그림을 이용해 중요한 사건을 다시 표현한 모빌 만들기	

(다) 역할 놀이

번호	활동명	활 동 내 용	비고
1	☆원탁 토의	☆원탁 토의에 참여하여 책 속의 인물들이 직면한 문제들을 함께 토의하고 해결 방안을 결정하기 ☆책 속의 인물의 장점과 단점을 토의하여 어린이에게 내면화 하기	
2	☆역할극 놀이	☆이야기 속의 사건으로 역할놀이 하기	
3	☆상황 흉내 내기	☆유머 있고 재치 있게 구성하여 이야기 속의 상황 흉내 내기	

1) 교사는 추후 활동을 선택할 때는 어린이들의 발달과 수행 단계를 고려하여야만 한다.
2) 교사는 어린이 개개인에게 각각 적합한 활동을 선택할 수 있도록 유도하되, 예를 들면 쓰기를 싫어하는 어린이에게는 창의적 쓰기 활동을 위해 테이프 녹음하기를 이용하여야 한다.
3) 어린이의 수준을 고려하여 적합한 책을 이용하고 교사는 어린이 스스로 한 가지 이상을 선택할 수 있는 여러 가지 추후 활동을 기꺼이 제한 할 수 있어야 한다.

(4) 집단 치료를 통해 이루어지는 독서지도

(가) 수용적 분위기

수용적 분위기를 조성함으로 집단 구성원간의 결속력이 다져지게 된다. 그리고 자료는 누구나 인지할 수 있고 보편타당성 있는 내용이어야 합리적이다.

(나) 집단 토의를 통한 치료대상자의 자기 이해

집단 토의를 통해 얻을 수 있는 통찰력은 다음과 같다.
1) 집단 토의를 통해 참여자들 간의 감정의 보편성에 대한 중요한 통찰을 얻을 수 있다.
2) 집단 토의를 통해 참여자는 하나의 주제, 이미지, 문제가 전혀 다른

방식으로 이해될 수 있다는 새로운 통찰을 얻을 수 있다.
3) 집단 토의를 통해 참여자가 현실을 점검해 볼 수 있다.
(다) 집단 치료 과정의 역동성
1) 초기 단계
어떤 집단이든지 결속력을 가진 생산적인 패턴으로 발전하는 데 소요되는 시간은 다음과 같은 요인들에 의해 좌우된다.
 가) 참여자들 간의 친숙도
 나) 참여자들 간의 유대 관계와 공통의 관심사
 다) 성장하기 위해 독서 치료를 하고자 하는 구성원의 열망 정도
 라) 구성원들을 인도하는 치료자의 기술
　① 첫 만남
　독서 치료 대상자의 특성(성격, 대화 상태, 문장 표현 상태 등)을 먼저 파악하여 출발점 행동을 분명히 정하여야 한다.
　② 중요한 문제
　독서 치료 대상자의 입장으로써 충분한 허용적 분위기를 조성하여 주고 마음대로 표현할 수 있도록 도와주는 것이 선결 과제이다.
　③ 자료의 선택
　참여하는 자신이 각종 치료 정보를 모르도록 하며, 첫눈에 매력적인 것, 집단 분위기에 중요한 신뢰나 결속력 같은 문제를 구성원들이 언급하도록 돕는 자료이어야 한다.
　④ 치료 기간
　장기 치료 집단은 천천히 집단의 분위기를 형성해 갈 수 있지만 단기치료 집단은 결속력이나 신뢰에 관한 민감한 사안을 직접적이고 신속히 제시해야 한다.
2) 성숙 단계
이 시점에 이르면 치료 집단은 안정되고 친밀한 집단 분위기를 갖고 있으므로 참여자들의 집단 내의 참여도, 지배, 의존성 등의 문제를 해결하려는 모습을 관찰할 수 있으며, 치료 대상자와 치료자나 또래 치료 대상

자들을 신뢰하는 분위기를 엿볼 수 있도록 해야 한다.
3) 종결 단계
  가) 임상적 집단
    ① 독서 치료자나 치료 대상자가 보기에 독서 치료를 통해 갈등을 해소하고 자기 존중감을 발전시켰다고 느끼고, 독서 치료를 통해서 배운 것을 다른 문제를 해결하는데 적용할 수 있다고 판단되었을 경우
    ② 치료 대상자가 불참에 대한 명백한 의지를 보이거나 혹은 반복적으로 집단 치료를 혼란시킬 때는 치료 집단에서 해당 참여자를 퇴출시키는 경우
    ③ 치료 계획 혹은 치료 일정의 변화와 같은 외적인 이유로 집단 치료가 종결될 경우
    ④ 때때로 치료 대상자들이 자료나 집단으로부터 더 이상 유익한 자료를 얻을 수 없을 경우
    ⑤ 독서 치료가 다른 치료 대상자들에게 독서 치료를 연장할 필요가 있을 때 새로운 집단을 만들기 위해 기존의 집단을 중도에 종결할 경우
  나) 발달적 집단
    ① 치료사는 치료 대상자 개인이나 집단 전체가 독서 치료자로부터 유익한 것을 얻었으나 다른 치료법을 사용해야 할 경우
    ② 외부 환경으로 인해 집단 치료의 유지가 불가능할 경우
    ③ 어떤 정해진 시간에만 운영될 경우(예 : 방학 때만 하다가 학기가 시작되었을 경우)

12. 읽기 능력 신장을 위한 경연 대회 방법

가. 평가 관점

(1) 읽기 방법 지도의 충실

(가) 호흡법의 지도는 반드시 복식 호흡을 하도록 한다.
 이상적인 복식 호흡 방법은 6박자간 코로 들이쉬고 6박자간 입과 코로 내쉬되 20cm 앞에 있는 촛불이 흔들리지 않도록 천천히 내쉬도록 한다. 양손은 단전(배꼽 아래)에 포개어 놓고 편안한 자세로 앉아서 하도록 한다.
(나) 쉬는 곳의 지도를 습관화 시켜야 한다.
 반점이 있는 곳은 꼭 반박자 정도 쉬도록 한다.
(다) 발성법의 지도는 명확히 연습을 하여 학급 어린이 전원이 잘 들리도록 한다.
 도, 미, 솔, 도를 12박자간(한 음에 3박자 정도) 약 5회 정도하고 반대로 높은 도에서 낮은 도로 12박자간 올림 차순과 같은 방법으로 한다.
(라) 대화체는 대사와 지문을 완전히 구분하여 읽을 수 있도록 한다.
 대사는 보통 말하는 것처럼 하게하고 그 외는 보통 읽기 연습으로 한다.
(마) 2~3분간 경연 대회를 하기 전에 연습을 하도록 한다.

나. 읽기 경연대회 평가 관점

(1) 전체적으로 유의 할 점

(가) 100점 척도로 하되, 각 관점별로 채점은 상을 10점, 중은 7점, 하는 5점으로 하고 5점이 만점인 항목은 상이 5점, 중이 3점, 하는 1점으로 해서 채점을 한다.
(나) 가정에서 부모가 채점을 할 수도 있고 학교에서는 학반 대항 경연 대회를 할 수 있으며 상당한 읽기 능력 향상이 온다는 것이 검증된 바 있다(필자가 창안하여 3회의 검증을 거침).

(2) 부분별 채점표

  (가) 온점과 반점을 쉬어서 읽는가? (10점)
    ① 반점은 잠깐 쉬는가?(5점)
    ② 온점은 1~2초간 쉬고 있는가?(5점)
  (나) 똑똑한 목소리로 읽되 발음이 정확한가?(20점)
    ① 똑똑하고 발음이 정확한가?(10점)
    ② 넓은 곳에 모두 잘 들리게 읽는가?(10점)
  (다) 책과 눈 사이의 거리가 알맞은가?(20점)
    ① 책과 눈 사이의 거리가 30cm정도를 유지하고 있는가?(10점)
    ② 눈과 책이 평행에 가까운가?(책이 약간 아래에 있어야 함(10점)
  (라) 대화체 글을 상황에 따라 알맞게 읽는가?(20점)
    ① 대화체 글을 완전하게 말하는 것처럼 읽는가?(10점)
    ② 자세나 감정 이입(주인공이 된 것처럼 감정을 두고 읽는가?)이 되어 있는가?(10점)
  (마) !(느낌표)가 있는 곳에 감정을 살려 조화를 이루어 읽는가?(10점)
  (바) ?(물음표) 부위는 억양이 약간 올라가고 있는가?(10점)
  (사) 읽은 내용의 줄거리를 알고 있는가?(10점)

(3) 평가표(예)

읽기 경연 대회 평가표(가정, 학급, 학반별 대회)

대회 참가자 성명 (   )   (   )학년   (   )반   담임(   )

순	평가 관점 성명	① 반점 읽기 5점	② 온점 읽기 5점	③ 정확한 발음 10점	④ 알맞은 음성 10점	⑤ 책과 눈의 거리 10점	⑥ 책과 눈의 높이 10점	⑦ 대화 하듯이 하기 20점	⑧ ! 표 바로 읽기 10점	⑨ ? 표의 억양 10점	⑩ 생각 하며 읽기 10점	계	평어

※ 평어 점수가 90점 이상은 '상', 60점 이상 '중', 59점 이하는 '하'로 한다.

13. 독서 감상문의 지도

가. 초등학교 저학년의 지도 방법

(1) 쉬운 글로 이야기의 줄거리가 정확하고 너무 길지 않는 동화를 읽고 감상문을 표출하게 유도한다.

(2) 이야기 속에 나오는 사람, 동물, 선생님, 부모님, 친구들에게 이야기하듯 구절마다 느끼고 생각하게 하는 것이 좋다.

(3) 이야기 속에 나오는 것들을 자기의 생활 주변과 결부시켜 보면서 자신이었다면 어떻게 생각했을까? 를 생각하게 한다.

(4) 내용 중에서 특히 감동된 것을 중심으로 감상을 하거나 그림을 그리고 설명의 글을 쓰게 하여 보기도 해야 할 것이다.

나. 초등학교 중학년의 지도 방법

(1) 독서 감상의 내용과 표출 방법을 저학년에서 지도한 내용을 기초로 해서 지도하고 다음 것을 첨가해서 지도하도록 한다.
(2) 작품의 테마를 파악하고 자기의 감상과 의견, 오늘의 현실을 비교하도록 한다.
(3) 책 이름, 주인공, 언제, 어디서, 내용은, 느낌은 등으로 쓰되 가장 훌륭한 점을 탐색하는 한편 타 위인과 비교, 비판하면서 쓰도록 한다.
(4) 꾸밈없이 솔직하게 표현케 하고 자기 생활에 도움이 될 수 있는 것이 무엇인지 찾고 배워야 하겠다는 것이 작품 속에 표현되도록 지도한다.

다. 초등학교 고학년의 지도 방법

(1) 평소 자기의 생각과 등장인물에게 바라고 싶은 점을 감상문 속에 나타나게 쓰도록 유의한다.
(2) 작품 속의 등장인물을 자기의 경우와 비교하거나 또는 친구 중에서 그 등장인물과 비슷한 친구를 발견하여 생각하게 하고 또 반성한 것을 표현하게 한다.
(3) 작품 속에서 주인공과 대화하면서 이렇게 할 것인가를 주인공과 함께 생각하는 것이 감상문 속에 표현시켜 쓰도록 한다.

라. 독서 감상문에 써야할 내용

(1) 처음

　책을 읽게 된 동기(예 : 어머니께서 선물로 사 주셔서 읽게 됨)
　그러나 동기가 반드시 있어야 하는 것은 아님

(2) 가운데

　(가) 읽은 내용

① 홀어머니를 그리워하며 시를 지음
② 율곡과 같은 훌륭한 인물을 길러 냄
③ 글과 그림의 예술에도 뛰어남
(나) 느낌
① 읽을수록 마음이 끌림
② 훌륭한 인물이 우러러 보임
③ 가르침에 감동함
(다) 재미있는 대목
① 부인의 얼룩진 치마에 포도송이를 그려준 점

(3) 끝

(가) 본받을 점 : 큰 사랑, 훌륭한 인품, 지혜를 본받아 우리 나라를 빛내고 싶음

마. 독서 감상문 쓰기의 실제

(1) 제목 붙이는 방법

(가) 주제를 집약하거나 책의 제목을 나타낸 것
① '어진 아내 신사임당'을 읽고
② '집 없는 아이'를 읽고
(나) 문장의 줄거리를 압축, 집약한 것이거나 줄거리를 설명한 것
① '표류 45일의 모험'
(다) 지명, 동·식물, 사물, 인명을 붙인 것
① 유치환의 '울릉도'
(라) 주제를 풀이한 것
① '우리를 슬프게 한 것들'
(마) ~와 ~의 나란히 꼴
① '오성과 한음' '늑대와 일곱 마리 양'

(바) 계절, 시일 명을 붙인 것
　① '봄' '4월 초파일'

(2) 감상문의 형식

(가) 책을 읽게 된 동기, 책 내용과 지은이 소개의 글도 쓸 수 있으나 꼭 써야 하는 것은 아니다.

(나) 줄거리를 앞에 쓰고 느낌을 적는 방법의 예

> 나는 가슴이 설레이면서 이 독후감을 쓴다. 민족의 등불 안중근 의사는 황해도 해주에서 태어났다.
>
> ·················· 중　략 ··················
>
> 우리는 이와 같이는 못할망정 공부를 열심히 하여 올바른 길을 걸어야 하겠고 안중근 의사의 애국심을 깊이 간직하여 나라를 아끼고 사랑하는 사람이 될 것을 마음 속으로 다짐한다.

(다) 내용을 소개하면서 사이사이 느낌을 적는 방법의 예

> '보물섬'을 읽고
>
> 　우리 학교는 전부터 고전 읽기를 하였다. 논어, 신약 이야기, 불교 설화 등을 읽었는데 그 중 '소년의 모험'을 가장 감명 깊게 읽었다. 모험 이야기라 그런지 무섭기도 하고 정말 재미있기도 하였다.
>
> ·················· 중　략 ··················
>
> 　'덤불 가까이 오려다가 피우는 돌에 부딪혀 앗! 하고 넘어지고 말았다. 점점 가까이 오는 말발굽 소리에 피우는 급히 일어나 피한다는 것이 불행히도 그만 선두로 달려오는 말에 부딪치고 말았다.' 이 대목을 읽으면 나는 나쁜 짓을 하지 않았나 반성해 보았다. 어떻게 저런 사람이 있을까? 이 세상에 악이 없고 착한 사람만이 있는 세상이면 얼마나 좋을까?……, 하고 생각했다.
>
> ················ 중요한 대목 ················
> ·················· 느　　낌 ··················

(라) 느낌만을 적는 독서 감상문의 예

은혜를 아는 사람이 되겠어요.

- '토끼의 재판을 읽고' -

'토끼의 재판을 읽고 앞으로 은혜를 아는 사람이 되어야겠다고 마음 먹었다. 나그네가 건져주지 않았다면 꼼짝없이 죽었을 텐데도 호랑이는 은혜도 모르고 나그네를 잡아먹으려고 했다니 나쁜 호랑이라고 느껴졌다.

재판을 해 준 소나무와 소도 나쁘다고 생각했다. 호랑이가 나쁜 것이 뻔한데 호랑이가 나쁘다고 하지 않고 나그네가 나쁘다고 했다니 참으로 분하기만 하다.

나는 이따금 친구들과 말다툼을 하고 나서 내가 나쁘지 않다고 다른 사람이 나쁘다고 한 적이 있다. 토끼의 재판을 읽으면서 토끼가 참으로 똑똑하다는 것이다.

토끼는 호랑이를 데리고 가 맨 처음 빠진 곳에 빠져보라고 했을 때 나는 속으로 너무 기뻤다. 나는 이 글을 읽으면서 은혜를 꼭 갚는 사람이 되어야겠다고 생각했다.

얼마 전 내 짝 민규가 나를 도와 준 적이 있다. 미술 준비를 안 해 왔는데 모든 준비를 다해 주었다. 민규의 은혜를 꼭 갚겠다. 그렇게 하려면 지금부터 정직하고 착한 사람이 되어야겠다고 생각하면서 앞으로 더욱 많은 책을 읽어야겠다고 생각했다.

(마) 나의 생각과 견주어 가면서 쓰는 방법의 예

'우장춘' 전기를 읽고

패튜니어 꽃의 마술사인 할아버지, 할머니의 어려웠던 시절을 보니 마음이 아팠습니다. '나라 없는 자식'이라 놀리는 일본 녀석들 앞에서도 할아버지는 끈기와 용기로 용케도 잘 참으셨더군요. 전 조그만 일에도 끈기를 안가지려 했던 제가 너무 부끄러웠습니다.

아마 그 인내심과 끈기로 여덟겹 꽃 패튜니어를 피게 한 것 같아요. 할아버지께서 일러주셨던 '민들레는 밟히면서 피어난다.'란 말씀에 할아버지만큼이나 내 가슴에 와 닿았습니다. 그리고 전 항상 민들레의 끈기를 배우려 합니다.

한 번은 어머니께서 몹시 추운 날 우물에서 양말을 빨아오라고 하셨을 때 전 차가운 물에 손을 담글 때 손이 어는 것 같아 그냥 두려고 했으나 민들레의 끈기를 생각하며 양말을 다 빨고 돌아왔습니다.

할아버지는 끈기로 저 보다 많은 장하신 일을 하셨더군요. 홑겹이던 패튜니어 꽃을 만들고 씨 없는 수박을 만드신 기적을 일으켰으니까요. 하지만 그것은 할아버지의 피땀 어린 노력의 결과가 아닙니까? 이 일로 할아버지께선 세계의 박사들을 놀라게 하셨고 또한 일본에서 나라를 빼앗긴 우리나라에게도 기쁨을 주셨지요.

그런데 할아버지! 할아버지께서 일본의 온갖 좋은 대우를 뿌리치시고 우리나라 농촌을 위해 한 평생을 사셨지요. 전 농민의 딸이어서인지 할아버지의 하신 일에 존경이 가기만 합니다.

한 번은 어머니께서 담근 김치를 식구들이 맛있다고 야단이었습니다. 어머니가 하시는 말씀이 "배추가 맛이 있으니까 김치도 맛이 있지."라는 말씀을 하시면서 박사님의 이야기를 하셨습니다.

존경하는 할아버지!

저의 집이 가난하지만 전 항상 나라를 위해 열심히 일하는 일꾼이 되겠습니다.

(바) 편지글 형식의 독후감의 예

- 마음 착한백설 공주 -

'백설 공주'를 읽고

백설 공주야 안녕!

책을 읽어 가면서 나는 마음씨 고운 네가 좋았어. 그런데 새어머니가 참 나쁘더구니. 그런데 새어머니가 너의 아름다움과 착한 마음을 미워하고 괴롭히다니 그 요술도 거울도 미워, 백설 공주가 난쟁이네 집에 있는 것을 가르쳐 주었으니 말이다.

네가 힘들게 일하면서 새 어머니에게 칭찬은커녕 꾸중만 듣고 왜 가만히 있었니? 하긴 그래. 너의 착한 마음씨로 새 어머니를 원망하겠니?

나는 너의 친어머니가 참 좋더라. 너를 예쁘게 낳아 주셨는데 왜 병이 들어서 일찍 돌아가셨는지 화가 난단다. 불쌍한 나의 친구 백설 공주!

나는 너의 착한 마음을 본받고 싶어. 나는 매일매일 내 동생을 골려 주거든.

하느님께선 너의 그 고운 마음씨에 감격해서 너를 도와 주셨겠지. 독사과를 먹으면 죽는데 독사과가 입에서 나오고 왕자님과 결혼했으니까? 너의 행복을 빌겠어. 그럼 안녕!

(사) 일기 형식의 독후감의 예

2006. 2. 22(수)

'옛날이야기'를 읽고

　오늘은 저녁 때 할아버지께서 '옛날이야기'라는 책을 사 오셨다. 밤늦게 까지 이 책을 읽었다. 읽으면서 '하하하'하면서 웃었다. 참 재미가 있었다.
　'떡부터 먹고'라는 글을 읽을 땐 너무 우스워서 박수를 쳤다.
　도둑놈이 아내를 업어 가는데 남편은 떡 한 조각 먹을려고 아내도 모르고 떡만 먹고 앉아 있을 때 나는 막 웃었다.
　"애야, 넌 책은 안 읽고 웃기만 하는구나."
　엄마는 내 마음도 모르시고 뒤에서 말씀하신 적도 있다. 내 욕심만 부리면 안 된다는 이야기인데 웃으면서 나는 반성했다. 학예회 때 나만 왕자가 되겠다고 떼를 쓴 일이 뉘우쳐졌다. 욕심내지 않고 남을 위하는 마음으로 공부하겠다고 생각했다. 나머지는 또 내일 읽어야지!

(아) 시 형식의 독서 감상문의 예

나의 꿈 하이디

- '하이디'를 읽고 -

울창한 푸른 숲
흰 구름 쌓인 언덕
산 그림자 비치는 하늘
깊은 골짜기를 누빈다.

양떼들을 앞세우고
페터와 알므 할아버지와
알프스의 하늘 아래
고운 꿈 키우며 뛰논다.

통나무집 오두막 아래
창가에 기대앉아
호호 입김을 불면
나의 꿈 나비가 되어
언덕을 넘는다.

(자) 여행을 하면서 쓰는 독서 감상문의 예

- '김유신 장군'을 읽고 -

우리 외가가 경주 부근이어서 경주를 여러 번 가 보았지만 김유신 장군묘는 가보지 못했다.

마침 토요일 오후 어머니께서

"용태야, 외가에 다녀오자."

어머니 말씀에 나는 '김유신'이란 책을 읽었다. 경주의 옛날 이름은 서라벌이었다. 김유신 장군의 증조할아버지가 가야국의 마지막 임금이라는 것을 알았다. 읽을수록 재미가 있었다. 화랑이 되어 남보다 더 무술을 닦는데 게을리 하지 않았다고 한다.

특별히 느낀 것은 어머니와의 약속이었다. 하루는 기생 천관의 집에서 친구들과 늦게까지 놀다가 어머니에게 꾸중을 들었다고 한다.

어느 날 말이 습관이 되어 기생집에 또 갔다. 그래서 어머니와의 약속을 지키기 위해서 아끼던 말의 목을 베어 버렸다. 나는 속으로 생각하기를 이 다음에 훌륭한 사람이 되자면 바른 약속을 꼭 지켜야 한다고 느꼈다.

삼국을 통일한 김유신 장군의 이야기를 읽고 나서 내일 아침에는 꼭 김유신 장군 묘 앞에서 큰 절을 하겠다고 생각했다.

(차) 요점 중심의 독서 감상문의 예

① 읽은 책 : 벌거벗은 임금님
② 요점

어느 나라에 허영심이 많고 새 옷을 좋아하는 임금님이 있었다. 어찌나 새 옷을 좋아하는지 하루에도 몇 번씩 옷을 갈아입을 정도였다. 임금님은 어느 날 두 거짓말쟁이에 속아 벌거벗고 좋은 새 옷을 입은 줄 알고 거리를 마구 다녔다. 모든 사람이 가만히 있는데 한 소년이

" 앗, 임금님이 벌거벗으셨다." 고 외쳤다.

바. 가족 독서 지도 방법

(1) 가족 독서의 의의

독서 놀이를 가벼운 마음으로 책과 자녀, 그리고 부모가 같이 만나 자녀의 가슴속에 따뜻한 인생관이나 세계관을 심어 주는 자세가 중요하다.

(2) 가족 독서 방법

(가) 저학년(1, 2학년)
① 한 권의 책을 일정 기간 함께 가족 독서의 날에 읽고 어려운 말의 뜻을 공부하도록 한다.
② 주인공, 등장인물 중심으로 상상화를 그리게 하여 가족 앞에서 이야기 하게 한다.
③ 느낀 점, 본받을 점을 그림으로 그리게 하여 가족 앞에서 이야기하게 한다.(스케치, 채색, 말하기 공부)
④ 책의 내용에 따라 가족 연극의 기회를 갖는다.
역할 정하기 → 즉흥적인 대화하기 → 사진, 녹음 또는 녹화하여 기록 남기기

(나) 중학년(3, 4학년)
① 한 권의 책을 몇 부분으로 나누어 읽는다.
예) 아버지 : 앞부분, 어머니 : 중간 부분, 어린이 : 끝 부분
② 읽고 난 느낌을 여러 가지 방법으로 기록하게 한다.
예) 아버지 : 주인공 행동
　　어머니 : 이야기 줄거리
　　어린이 : 독후감 쓰기
→ 능력에 따라 그림으로, 수필 형식, 편지글 형식, 독서 일기 형식, 동시 등
③ 독후감 발표회 갖기(가족 독서의 날)

★ 순서 : 모이기 → 사회자의 시작 알림 → 가훈 낭독 → 가족 독후감 발표 → 우리 집 노래 부르기 → 사진, 녹음, 녹화 자료 기록 남기기

(다) 고학년(5, 6학년)
① 가족 구성원의 직업, 취미에 따라 각자 선정한 책을 읽는다.
② 각자 읽은 책의 내용에 따라 토론 주제를 정한다.
③ 여러 가지 방법으로 독후감을 쓴다.
   (수필, 편지글, 동시, 기행문, 일기 등의 형식)
④ 독서 토론회를 갖는다.(가족 독서의 날)
★ 순서 : 각자 읽은 줄거리, 주인공, 저자 소개 → 느낌 발표를 다양하게 발표한 후 주제의 토론에 임하는 것이 바람직할 것이다.

(라) 어린이가 저, 중, 고학년으로 2명 이상일 때
① 책의 선택 : 아우를 기준으로 이해하기 쉬운 책, 내용이 간단한 책에서 시작하여 점차 긴 내용의 책으로 변화를 준다.
② 독서 활동 : 어린이의 정도에 맞게 목표를 설정하여 읽도록 한다.
③ 독후 활동 : 위의 ①, ②, ③의 정도에 맞게 독후감 쓰기를 한다.
④ 가족 독서 발표회 : 가족 구성원이 각자 읽은 내용, 교훈을 이야기하는 기회가 되도록 가족 전체가 노력을 하도록 한다.

제3장 글쓰기 지도 방법

1. 글쓰기의 기본 지도 방법

글을 쓰려면 먼저 글을 쓸 준비(종이. 필기구 등)를 하고, 글을 쓰는 절차 (주제 설정, 글을 쓸 소재. 개요 만들기, 글쓰기, 쓴 글을 수정하기 등)를 알면 어떤 형식(논설문, 일기문, 기행문, 생활문 등)의 글도 자신있게 잘 쓸 수가 있게 된다.

가. 글쓰기 자세

(1) 나의 글을 많이 읽을 것이란 생각 하에 써야 한다.
(2) 글을 진실하게 써야 하며 이는 그 사람의 성격이 드러나기 때문이다.
(3) 관찰력과 상상력을 발휘할 수 있도록 해야 한다.
(4) 부지런하고 근면해야 한다.

나. 좋은 글의 요건

(1) 글의 내용이 충실하고 진실성이 있어야 한다.
(2) 글의 주제, 제재, 소재, 표현 등이 창의적이고 참신해야 한다.
(3) 다른 사람이 글을 읽으면 내용 파악이 쉽도록 명료한 글이어야 한다.
(4) 글의 형식과 어법에 맞도록 정확하게 써야 한다.

(5) 글을 정직하게(타인의 빌린 말이면 표시하는 등) 써야 한다.
(6) 가장 적은 노력으로 큰 효과를 얻을 수 있는 글이어야 한다.
(7) 진지하고 성실한 자세로 쓴 글이어야 한다.
(8) 글의 내용이나 서술이 처음부터 끝까지 한결같아야 한다.
(9) 목적, 글을 쓰는 대상, 글을 쓰는 관점 등에 부합해야 한다.
(10) 너무 꾸미려고 하지 말고 자연스럽고 논리적으로 써야 한다.

다. 기본 지도 방법

(1) 유치원생은 그림을 많이 보게 하고 그림에 대한 이야기를 하게 한다.
(2) 저학년은 그림이 있는 동화책, 짧은 이솝이야기 등을 많이 읽게 하고 그 줄거리를 능력에 따라 말하게 하거나 요점을 적게 한다.
(3) 중학년은 짧은 동화, 교과서의 글을 읽고 그 줄거리를 짧게 쓰거나 느낌을 적어 보도록 한다.
(4) 고학년은 동화, 소설, 기행문, 수필 등의 글을 읽고 줄거리, 느낌 등을 적거나 현장 체험 학습에서 관찰한 내용을 자세히 쓰도록 한다.

2. 학년별 지도 방법

가. 1학년 지도 방법

(1) 재미있는 내용을 선정하여 글을 쓰도록 유도한다.
　(가) 재미있는 내용의 선정 방법과 이를 쓰는 방법을 지도해야 한다
　　① 동화, 그림, 만화에서 재미있는 내용을 골라 짧은 글을 쓰게 한다.
　　② 들은 이야기에서 글을 쓰고 싶은 내용을 선정해서 짧은 글을 쓰도록 한다(상위권 어린이).

나. 2학년 지도 방법

(1) 읽을 어린이의 흥미를 고려하여 내용을 선정하여 쓰도록 한다.

(가) 독자의 흥미를 끌 수 있는 내용을 쓰는 방법을 지도해야 한다.
  ① 흥미있는 일을 골라 짧은 글을 쓰며 자신이 좋아하는 장난감이나 놀이 중에서 글감을 골라 짧은 글을 쓰도록 한다(기본).
  ② 상상을 통해 짧은 글을 쓰게 한다(심화).
(나) 자신의 생각을 문장으로 정확하게 표현한다.
  ① 그림을 보고 문장으로 표현하게 한다(기본).
  ② 이어진 그림의 내용을 보고 그 내용을 문장으로 써 보게 한다(심화).

다. 3학년 지도 방법

(1) 글을 쓸 때에는 지식이나 경험을 활용하게 한다.
(2) 문장 부호의 종류와 쓰임을 알고 바르게 사용하도록 지도한다.
(3) 창의적인 내용의 생성 방식을 알고 자유롭게 글을 쓰게 한다.
(4) 원인과 결과가 드러나게 글을 쓴다.
(5) 공통이나 차이점이 드러나게 글을 써 보게 한다.
(6) 알맞은 낱말을 선택하여 글을 써 보게 한다.
(7) 글을 컴퓨터에 옮겨 써 보게 한다.
(8) 쓰기에 대한 긍정적인 태도를 가지는 자세에 대해 특별 지도를 한다.

라. 4학년 지도 방법

(1) 글의 과정(내용 선정, 조직, 표현, 고쳐 쓰기)을 잘 알게 한다.
(2) 주제에 알맞은 내용을 찾아 글을 쓸 수 있게 하여 본다.
(3) 시간이나 공간 순서(조직하기, 관계 알기, 언어 표현법)에 따라 글을 써 보게 한다.
(4) 사건이나 행동의 변화가 잘 나타나게 글을 써 보도록 한다.
(5) 문단의 짜임새(구성, 중심 문장과 뒷받침 문장)을 알게 한 후 글을 써 보게 한다.
(6) 글 제목의 역할, 중요성을 알아 글의 종류에 따라 알맞은 제목을 붙이는

방법을 알고 제목의 적절성을 파악하여 쓰게 한다.
(7) 교정 부호를 사용하여 틀린 부분을 고쳐 쓰게 한다.
(8) 컴퓨터를 이용하여 자신의 생각을 글로 써 보게 한다.
(9) 자발적으로 글을 쓸 수 있도록 적극적으로 유도한다.

마. 5학년 지도 방법

(1) 쓰기 상황에는 주제, 목적, 예상, 독자 등이 관련되어 있음을 알고 써 보게 한다.
(2) 원고지 사용법에 맞게 글을 쓰게 한다.
(3) 조사나 관찰이 좋은 글을 쓸 수 있음을 알게 하여 준다.
(4) 분류의 개념 알기, 분류를 이용한 내용 조직 방법 알기, 이러한 지식을 바탕으로 분류가 잘 드러나게 글쓰기에 대한 학습을 의도적으로 한다.
(5) 예시의 글을 잘 읽고 이를 활용하여 자신의 글을 써 보게 한다.
(6) 교정 부호의 개념, 종류, 쓰임, 필요성을 알고 틀린 부분을 교정 부호로 고쳐 쓰게 하여 본다.
(7) 전달 효과를 고려하여 자신의 글을 컴퓨터에 편집하도록 한다.
(8) 스스로의 필요에 의해 글 쓰는 습관을 정착시키는데 주력한다.

바. 6학년 지도 방법

(1) 머리에 형성된 글을 옮기고 만들어 가는 과정임을 알 수 있게 한다.
(2) 개별 면담을 통하여 내용을 선정하여 글쓰기 학습을 의도적으로 한다.
(3) 주장을 뒷받침하는 알맞은 근거를 제시하여 글을 쓸 수 있도록 한다.
(4) 문제와 해결의 짜임으로 내용을 전개하여 글을 쓰게 한다.
(5) 사물의 모습이 생생하게 드러나게 글을 쓰도록 한다.
(6) 표현의 효과를 고려하여 문장을 고쳐 쓰기를 계속하도록 유도한다.
(7) 쓰기 방법, 필요성, 쓰기의 방식을 적극적으로 활용할 수 있도록 한다.
(8) 컴퓨터 원고지를 활용하여 글을 자신 있게 쓸 수 있도록 한다.

3. 표현력 신장을 위한 지도 방법

> 존경하는 선생님, 그리고 학부모님!
> 모든 어린이는 재능과 소질을 타고나지만 선생님의 선입견 때문에 빛을 보지 못하는 경우가 많습니다. 글을 잘 쓰는 아이로 태어나는 것이 아니라 글을 잘 쓰는 어린이로 자라난다는 철학을 가져야 할 것입니다.

가. 걷듯이 호흡하듯이 가벼운 마음으로 문장을 쓰게 한다.

걷기를 시작할 때 '어떻게 걸을까?' 호흡을 할 때 '어떻게 호흡을 할까?' 하고 의식을 하면서 보행이나 호흡을 하는 사람이 없을 것이다. 이와 같이 글쓰기도 부담없이 써야 한다는 것을 지도할 필요가 있다.

'무엇을 쓰면 좋을까?' '어떻게 쓰면 좋을까?' '구성을 어떻게 하면 좋을까?' '쓸 거리가 없다.' '잘 쓰지 못한다.' '좋아하지 않는다. 싫다.' 이런 생각을 갖게 되면 글을 쓸 수가 없게 됨을 충분히 인지시켜야 한다.

- ♠ 무엇보다도 문장을 많이 쓰도록 함이 좋습니다.
- ♠ 앞으로 글을 많이 쓰게 하겠으므로 그렇게 각오하여 주세요.

이렇게 교사나 부모가 말을 하면 좋아하는 어린이가 거의 없을 것이다. 그러나 교육은 강제성이 있기도 하다. 초·중학교의 의무 교육, 수업 시각 정하기, 교육 과정, 정해진 날에 진급, 졸업 등이 법으로 정해져 강제성이 있기 때문이다. 이렇게 말을 하니 몇 년 전 이러한 내용에 따른 모 방송국의 학교 현장 모습을 방영한 생각이 난다. 우리의 교육은 현재 벼랑 위에까지 와 있다. 이런 시기에 이러한 방영까지 하니 허탈한 기분이 들 때도 있다. 그러나 신념을 가지고 합리적인 방법으로 정도를 걸어야 만이 우리의 어린이들이 교사나 부모에게 존경심을 되찾을 것이라는 생각을 굳게 갖고 끈질기게 독서 지도해 나가야 할 것이다.

글쓰기를 하려면 생각하지 않으면 안된다. 알기 쉽게 쓰지 않으면 아니된다. 쓸 내용을 정리(개요)하지 않으면 안된다. 교사나 부모가 그러한 말을 지속적으로 말하여 ○○를 반드시 글 잘 쓰는 어린이로 길러줄 자신을 가져야 한다. 교사나 부모 모두가 일심동체가 되어야 한다.

되도록 자주 쓰는 기회를 많이 주어야 한다. 다음 기술되는 동시 짓기 사례대로 동시를 자주 짓게 되면 시에는 완전히 자신이 생길 수 있다는 것을 확신한다. 자주 쓰게 하는 기회를 많이 주되 부담이 가지 않고 즐겁게 쓸 수 있다는 생각을 항상 가지게 해야 한다. 이의 지도 방법은 어린이가 그렇게 생각할 수 있도록 유도하는 것이며, 되도록 자주 많이 쓰는 것이 좋다.

나. 문집이나 시집을 많이 읽게 해야 한다.

창의력이 하늘에서 내려오는 것도 아니고 땅에서 솟아나는 것도 아니다. 이는 오로지 다른 사람의 글을 많이 읽고 좋은 문장을 따오거나 좋은 글들을 조합하면 더욱 좋은 글이 되고 이것이 창의력을 높이는 것이기도 하다.

A시에서 한 줄, B시에서 한 줄, C시에서 한 줄, D시에서 한 줄, E시에서 한 줄, F시에서 한 줄 등으로 조합하면 훌륭한 시를 쓸 수 있을 것이다.

다. 동요, 동시의 반복은 기억력을 증가시킨다.

인간의 두뇌는 자극여하에 따라 크게 발달하기도 하고 작게 발달하기도 한다. 기억력도 훈련 여하에 따라 기억 장치가 매우 세밀하게 발달하기도 하고 작은 그릇으로 발달하기도 한다.

동시는 다른 암기 글보다 부드럽고 아름다워서 어린이의 마음을 살찌게 하므로 평생토록 간직할 가치가 있고 어느 정도 훈련만 되면 어린이 스스로 암기가 가능해 진다. 어린이들은 3~4일 후가 되면 또 잊어버리므로, 다시 외우게 하거나 매일 아침 시간에 외우게 하고 또 개인별로 스스로 시간을 내어 외우게 한다. 천재 교육이 따로 있는 것이 아니다. 이런 아름다운 시 구절을 외우게 하여 아름다운 심성과 기억력을 증진하여 지능을 효과적으로 높이는 것을 기초로 하고 있음에 중점을 두어야 한다.

라. 평가는 간결, 단적으로 한다.

어린이의 작문력은 되도록 많이 쓰게 함으로써 신장되는 것이다. 이것을 보장해 주는 것이 중요하다. 학년 초에 교사나 부모 상호간에 글쓰기가 쉽다는 공유감을 가지게 하고 또 이해를 구하는 방법도 좋은 것이 될 것이다. 특히 잘 한 점을 찾아내어 격려와 칭찬을 해 주어야 한다.

교사나 부모가 빨간 글씨로 아주 짧게 평가하여 주는 것이 좋을 것으로 사료된다. 이를 보고 어린이들은 정말 신이 나서 더욱 잘 할 수 있는 계기가 될 것이다. 학년성에 따라 다소 차이는 있을 것으로 본다.

- 아주 잘씀, 조금 더 길게, 표본 글이 될 수 있음.
- 대화가 살아 있다. 재미있다. 매우 재미있다. 훌륭하다. 훌륭해
- 다 잘하고 있는데 글씨를 조금 더 정성스럽게 쓰면 얼마나 좋을까?

이렇게 평가한다면 시간도 줄일 수 있고 어린이들이 쉽게 알아 듣고 용기를 얻게 되어 글쓰기 능력이 향상되고 자신감도 생길 것이다.

마. 개인 문집을 만들어 오래 동안 보존하도록 한다.

인간에 있어서 추억만큼 뜻 깊은 것이 없다. 그 추억이 아름답거나 설사 기억하기도 싫다거나 하더라도 어린 시절의 모습은 영원한 것임을 잊지 말아야 한다.

개인 문집에서 가장 잘 된 것을 학년말에 5편씩만 모아 학급 문집을 만들어 두어 이 어린이들을 20년 후에 만났을 때 읽어 주면 정말로 좋아하게 된다. 이는 자신을 다시 한 번 돌아보게 할 수 있는 좋은 자료가 되기 때문이다.

바. 학반별로 부모끼리 몇 사람의 것을 회람하여 글쓰기에 대한 관심을 높여 나간다.

학급 문집을 회람시킴으로서 자녀에 대한 글과 다른 친구의 글을 비교하여 봄으로서, 자녀를 되돌아보게 할 수 있는 계기가 되고 또 글에 대한 관심도와 효과성이 입증되고 글쓰기에 자신이 생기게 된다.

4. 글쓰기 지도 방법

> 글쓰기는 잘못 지도가 되면 어렵게 생각을 하여 잘 쓸 수 없게 되며 글 쓰는 시간만 되면 공포심을 갖게 된다. 이를 없애기 위해서는 단계적이고 의도적인 글쓰기 지도가 필요하다. 특히 저학년에서 잘 지도를 하여야 고학년에서 쉽게 접근이 가능하다.

가. 글쓰기의 부분적 접근

(1) 글을 몇 개의 문단으로 나누어 한 문단씩 따로 따로 쓰게 하는 방법을 하여 본다.
- 방과 후 즉시 집에 가서 20분간을 글쓰기 시간으로 했을 경우
  (가) 학급 구성원이 협의하여 몇 개 문단을 짤 수 있도록 충분한 분위기를 조성하여 글쓰기에 대한 생각을 쉽게 가질 수 있도록 하는 것이 무엇보다 중요하다.
    ① 1일 : 가을
    ② 2일 : 가을 날씨
    ③ 3일 : 가을철의 자연 변화와 결실
    ④ 4일 : 가을철의 우리 집 모습
    ⑤ 5일 : 가을철과 나의 마음의 변화
    ⑥ 6일째 : 쓴 글을 통합, 연결하여 다듬고 발표를 자연스럽게 하고 조금 미흡해도 칭찬과 격려를 하여 글쓰기에 대한 저항감을 가지지 않도록 하는 것이 중요하다.

(나) 글의 유형에 따라 집중적으로 지도하는 방법도 하여 본다.
  ① 교과서를 잘 분석하여 보면 글의 유형별로 편집되어 있음을 알 수 있다.
  ② 유형별 특성과 짓는 방법을 집중적으로 지도하여야 한다.
  ③ 학년별로 지도 할 글의 종류와 지도 요소를 추출하고 교과서의 단원과 관련하여 단계적인 지도 Program의 수립을 학년 공동으로 연구하여 동시에 적용할 필요가 있다.

나. 글쓰기 지도 개선책

(1) 글쓰기 지도 요령(Program)의 수립이 필요하다.
(2) 교사의 연수(글쓰기 지도서 및 문집 자료 탐독)가 필수적이다.
(3) 단원 설정의 취지에 맞게 지도되어야 한다.
(4) 작품을 보아주는 일이 부담이 되어 글쓰기를 기피하거나 형식적으로 해서는 안된다.
(5) 저학년은 생활 경험을 진실하게 표현한 내용을 높이 평가해 주어야 한다.
(6) '나는 소질이 없다.'는 등의 글을 못 쓰는 사람으로 인정되어서는 안 된다.
(7) 자신감의 부여와 부분적 접근 지도가 있어야 한다.
(8) 학교 신문, 방송 원고 쓰기를 자주 하여 본다.
(9) 문학적 소양이 많은 교사만이 작문 지도를 살 할 수 있다는 생각을 버려야 한다.
(10) 좋은 글, 본보기가 되는 글을 많이 읽을 수 있게 한다.
  교사와 어린이들이 모두 좋은 글을 많이 수집하여 돌려 읽기의 습관화가 될 수 있게 한다(Token system제 도입).
(11) 작문 평가는 개개 학생의 작문 능력 신장의 일환으로 지도되어야 작문 능력이 향상 될 수 있다.

다. 문집 만들기의 방법

(1) 표지 만들기

(가) 학반 전체의 토의를 거쳐서 문집 이름을 짓는다.
(나) 문집 이름이 정하여 졌으면 표지를 예쁘게 컷을 넣으면서 학교명과 학반명을 잘 써 넣는다.
(다) 표지의 예

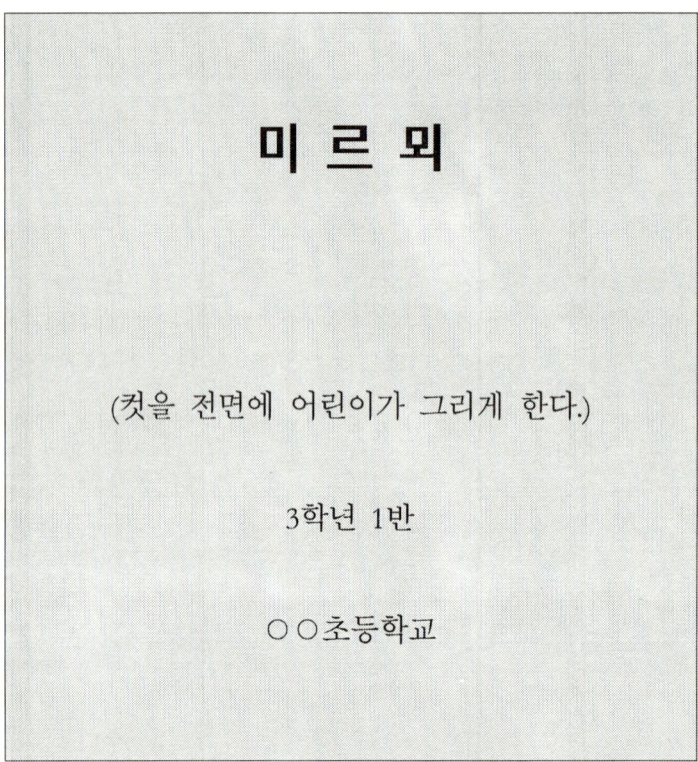

(2) 어린이 회장의 인사말을 넣는다(인사말의 예)

문집을 발간하면서 ——

1학기 3학년 1반 회장 김 철 수

안녕하십니까? ○○초등학교 3학년 1반 어린이 여러분!
 여러분께서 절 믿고 1학기 회장으로 뽑아 주셔서 부족한 제가 1학기 동안 회장 자리를 맡게 되었습니다.
 우리 ○○초등학교 3학년 1반이 땀흘려 학급 문집 제 9호를 발간하게 되었습니다.

　친구 여러분의 이번 글이야말로 우리 부모님들이 보시면 무척 좋아하시리라 생각하면서 몇 번이나 고치고 나서야 완성된 글을 쓰고 그 다음에는 예쁜 그림도 넣었습니다.

　지금의 이 문집을 우리는 20년 후에 어른이 되었을 때 학교에 와서 본다면 정말 새로운 느낌이 들 것입니다.

　3학년 1반 친구 여러분!

　정말 수고하셨습니다. 미르뫼 문집을 잊지 말고 앞으로 더 좋은 글을 쓰도록 노력합시다. 감사합니다.

(3) 다음은 문집 이름을 지은 까닭을 쓰게 한다.

우리반의 학급 문집 이름을 지은 까닭

제3학년 1반

　우리 학반은 문집 이름을 '미르뫼'라고 하였습니다.

　'미르뫼'란 뜻은 용 + 산의 순 우리말이라고 하여 옛말을 우리 반의 문집 이름으로 정하였습니다.

　옛날부터 ○○초등학교를 졸업하신 우리 선배들은 모두가 훌륭하게 되셔서 우리나라의 훌륭한 일꾼이 되셨다고 들었습니다. 나라를 발전시키는 밑거름이 되시고 있다는 말을 자주 들었습니다.

　그래서 우리들도 옛 용산의 이름을 지어서 글도 잘 쓰고 열심히 공부하여 훌륭한 사람이 되기 위하여 문집 이름을 '미르뫼'라고 하였습니다.

(4) 목차를 적는다.

　목차는 출석 번호나 단위 동네 차례로 정하여 각자의 이름과 글 제목과 쪽수를 적어 넣는다.

　차례

◎ 인사말 ·· 회장 김철수 ··· 1
◎ 문집명 ·· 문집명을 정한 까닭 ··· 3
1. 박지현 ·· 나무야!(동시) ··· 5
2. 최준혁 ·· 한식에 대하여(설명문) ··· 6

중간 생략

31. 김현진 ·· 어항 (일기문) ··· 37

(5) 교장, 교감, 담임교사와 부모의 도움 말씀을 적도록 한다.

순	성 명	도움 말씀
1	○○○ 교장 선생님	처음 만들었는데 정말 잘 했습니다. 제2호를 기대합니다.
2	○○○ 교감 선생님	
3	○○○ 담임 선생님	
4	아동명	부모님성함
1		
2		
⋮		
31		

문집 회람은 하루 1명씩 각 가정에 회람하여 집안 어른의 도움 말씀을 적어 올 수 있도록 하여 집에서도 어린이가 글을 쓰는데 관심을 갖도록 하는데 최대의 역점을 둔다. 단, 표지 다음에 철을 해서 쉽게 부모가 찾아 지도의 말씀을 적게 한다.

(6) 각 개인별 글들을 A4 용지에 인쇄 또는 직접 쓰게 하여서 전체 철을 하게 되면 문집은 완성된다.

5. 동시 지도 방법

동시 쓰기 지도는 다음과 같이 하는 것이 효과적이다.

가. 단계별 지도

(1) 1단계 : 처음에는 생활문으로 표현하도록 한다.

> 수박을 사러 갔다. 수박은 모두 푸른 바탕에 검은 줄무늬가 있다. 어느 것이 잘 익었는지 알 수 없지만 통통통 두드려 보았다. 그래도 역시 알 수 없었다. 할 수 없이 제일 둥근 것을 골랐다.

(2) 2단계 : 잘 안되어도 말을 줄여 시적으로 표현해보게 한다.

> 파란바탕에 검은 줄무늬가
> 모두 같구나
> 어느 것이 잘 익었을까?
> 통통통 두드려 보아도 알쏭달쏭 하구나
> 제일 둥근 것을 고르자.

(3) 3단계 : 순서를 바꾸어 행과 연을 구분하고 시어로 표현해 보도록 한다.

> 모두 같구나
> 파란 바탕에 검은 줄 무늬
>
> 어느 것이 잘 익었을까?
> 통통통
>
> 두드려 보아도
> 알쏭달쏭
>
> 이것을 고르자
> 제일 둥근 것을

(4) 4단계 : 시를 다듬도록 한다.

(5) 5단계 : 자신감과 의욕을 심어주어야 한다.

나. 단계적 동시 짓기 훈련안

(1) 제1단계(시늉말 찾기) : 매미가 운다. → 매미가 맴맴맴
(2) 제2단계(비유말 찾기) : 놀이터에 가고 싶다. → 놀이터가 나를 부른다.
(3) 제3단계 : 줄글 바꾸기를 한다.
   꽃밭에서 꽃이 볼록하게 솟더니
   새싹이 돋아났다. → 볼록볼록 땅을 뚫고
   파릇파릇 돋는 새싹
(4) 제4단계 : 행과 연의 차이를 알 수 있도록 한다.
   솔솔 부는 봄바람이
   지나간 뒤에
   소록소록 봄비가
   내렸어요.
(5) 5단계 : 글의 개요(뼈대) 짜기(사계절)를 한다.
   ① 작은 글감 : 봄 → 새싹, 아지랑이, 여름 → 나무, 수박 등,
      가을 → 열매, 낙엽 등, 겨울 → 흰 눈, 얼음 등
   ② 작은 글감으로 개요 짜기를 한다.

   > 새싹이 돋아나는 봄
   > 나무가 자라는 여름
   > 열매가 맺히는 가을
   > 눈이 내리는 겨울

③ 개요에 맞는 줄글을 써 보게 한다.

> 봄에는 파릇파릇 새싹이 돋아납니다.
> 여름에는 나무가 쑥쑥 자랍니다.
> 가을에는 먹음직스런 열매가 주렁주렁 열립니다.
> 겨울에는 하얀 눈이 펄펄 내립니다.

④ 줄글을 시로 바꾸어 써 보게 한다.
  ㉠ 줄글을 정형시로 써 보게 한다.(7, 5조 형식)

> 　　　　　　　사 계 절
> 봄에는 파릇파릇　　　　　가을엔 주렁주렁
> 새싹이 나고　　　　　　　열매가 맺고
> 여름에는　　　　　　　　　겨울에는 퍼얼펄
> 나무가 쑥쑥 자라고　　　　눈이 내리죠.

  ㉡ 정형시를 자유시로 써 보도록 유도한다.

> 　　　　　　　사 계 절
> 봄에는　　　　　　　　　가을엔
> 파릇파릇　　　　　　　　주렁주렁
> 새싹이 돋아나고　　　　　보기좋은 열매들
>
> 여름에는　　　　　　　　겨울에는
> 쑤욱쑥　　　　　　　　　퍼얼펄
> 나무가 자라지요.　　　　하얀눈이 내리지요.

6. 논설문 지도 방법

가. 논설문의 지도 방법

(1) 논설문 개요 짜기(4학년 수준)

(가) 많은 글을 읽어 보아야 한다.
(나) 논설문은 글의 뼈대라 할 수 있는 글의 개요를 짜야 한다.
(다) 작은 종이나 시험지의 일부분에 연필로 글의 개요를 써 보게 한다.
　　예를 들면, 아래 글 '알맞은 운동을 하자.'라는 주제가 있다면 서론, 본론, 결론부터 나누어 개요를 짜 보는 것이 논설문을 잘 쓰는 요령이다.

나. 논설문을 쓰기 앞 단계인 글의 개요

제 목		알맞은 운동을 하자.
서 론		목이 아파 병원에 다님 건강과 알맞은 운동과의 관계
본으론	주 장	건강한 생활을 할 수 있다. 기분좋은 하루를 보낼 수 있다. 알맞은 운동은 성장을 촉진할 수 있다.
	실 천 방 법	운동 계획을 세워서 실천해야 한다. 자신의 체력에 맞는 운동을 선택해야 한다.
결 론		알맞은 운동을 꾸준히 실천하자.

• '알맞은 운동을 하자.'라는 글을 개요를 짜 놓고 살을 붙인 글이나. 즉, 논설문을 완성한 글이다.

다. 완성된 논설문

알맞은 운동을 하자

지난 겨울방학 때 목이 아파 일주일 동안 병원에 다닌 일이 있었다.

목이 너무 아파 물도 제대로 넘길 수가 없었다. 그때서야 건강이 얼마나 중요한가를 절실하게 깨달았다.

우리가 건강하게 사는 방법은 여러 가지가 있겠으나, 그 중에서 가장 중요한 것은 평소에 알맞은 운동을 꾸준히 하는 것이다. 그러면 알맞은 운동을 하면 어떤 이점이 있고, 우리들은 어떻게 운동을 해야 하는지를 살펴보자.

첫째, 건강한 생활을 할 수 있다. 운동을 알맞게 하면 혈액 순환이 잘 되고 근육이 발달하여 건강을 유지해 나갈 수 있다.

둘째, 기분 좋은 하루를 보낼 수 있다. 알맞은 운동은 우리들의 체력을 길러 줄 뿐만 아니라 기분까지도 상쾌하게 해 준다.

셋째, 우리들의 몸과 마음을 성장시킨다. 지나친 운동은 오히려 건강을 해치지만, 알맞은 운동은 성장을 촉진해 준다.

그러면 알맞은 운동을 어떻게 해야 하는가? 모든 일에는 계획이 따르듯이 운동도 계획을 세워 꾸준히 실천해 나가야 한다. 예를 들면, 매일 아침 줄넘기 100번, 저녁에 윗몸 일으키기를 30번 한다는 계획을 세었다면, 그 계획을 꾸준히 실천해 나가야 하며 횟수도 점점 늘여야 할 것이다. 또, 운동 계획을 세울 때 무엇보다 중요한 것은 자기 체력에 알맞은 운동을 선택해야 한다는 것이다.

사람에게는 건강이 가장 소중하다고 여겨진다. 건강하게 살 수 있는 방법은 알맞은 운동을 함으로써 건강과 혈액 순환이 잘 되고 몸과 마음을 성장시킨다. 따라서 건강을 유지하기 위해 알맞은 운동을 선택하여 꾸준히 계속해야 한다.

7. 학습 부진아의 쓰기 지도 방법

가. 글을 잘 쓰는 어린이와 쓰지 못하는 어린이의 비교

(1) 어린이의 평균 평점, 학업성취도 그리고 단기 기억 용량 등에는 차이를 보이지 않고 있지만, 쓰기를 잘하는 학생은 언어적 정보 즉 많은 책을 보아서 기본적 어휘를 많이 알고 있다.
(2) 쓰기를 잘하는 어린이는 읽기에 능숙하게 나타났다.
(3) 쓰기를 잘하는 어린이는 발견법을 많이 사용하는 것으로 나타났다.
(4) 쓰기를 잘하는 어린이는 문법적인 면에서 잘하는 것으로 나타났다.
(5) 쓰기를 잘하는 어린이는 글의 개요를 짜는데 많은 시간을 할애하는 것으로 나타났다.
(6) 쓰기를 잘하는 어린이는 최종 목표와 하위 목표를 잘 정하는 것으로 나타났다.

나. 학습부진아의 쓰기의 어려움

(1) 철자 쓰기의 어려움

철자를 쓰는데서 오류가 많고 불필요한 글자를 삽입하거나 글자를 생략하는 경우가 많았다.

(2) 글쓰기의 어려움

문법적인 오류, 새로운 어휘나 자신의 생각을 충분히 나타내지 못하는 경우가 많다.

다. 쓰기부진아의 쓰기 지도 방법

(1) 철자 지도

❖ 다음은 Templeton(1986, 이성봉 재인용, 1997)이 제시한 일반적인 절차 지

도 원리이다.
(가) 문장이나 문단보다 목록 형태로 철자 단어를 제시한다.
(나) 어린이들에게 사전 출발점 행동을 파악하고 검사 자료에서 틀린 단어를 확실히 고치도록 지도한다.
(다) 어린이들 스스로 철자 검사를 하게 한다. 이는 모든 학년 수준에 있는 어린이들에게 효과적인 방법이 된다.
(라) 검사 - 학습 - 검사 방법을 사용한다. 이는 학습 - 검사 방법보다 좋은 방법이다.
(마) 음절의 형태로 단어를 제시하며, 분리된 음절을 가르치는 것 보다 어린이들이 전체 단어를 배우고 연습하도록 한다.
(바) 의도적인 쓰기 활동을 통해 문맥 속에서 단어를 쓸 수 있는 기회를 어린이들에게 부여한다.
(사) 대부분의 철자 연습을 전체 단위로서의 단어에 초점을 맞춘다.

❖ 철자를 지도하는데 있어 좀더 구체적인 철자 지도를 Winebrenner(1996)는 다음과 같이 제시하고 있다.
(가) 어린이들에게 시범적으로 써 줄 때 '소리내어 말하기' 방법을 활용하여 철자 쓰는 절차를 알려준다. 예를 들어 " 'ㅅ' 을 쓰기 위해서 나는 연필을 시계 방향의 12시에서 시작하고 12시에 왼쪽 방향으로 9시 쯤까지 곡선을 그리고 다시 12시로 와서 이번에는 오른쪽 방향으로 3시까지 곡선을 그린다." 라고 소리 내어 말하여 준다.
(나) 어린이의 손을 교사 자신의 손에 올려 놓고 철자를 몇 번 반복하고 크게 소리내어 그 철자 쓰는 절차를 말하도록 한다.
(다) 이미 써 놓은 철자를 어린이가 그 위에 다시 쓰도록 하고 크게 소리내어 그 철자를 쓰는 차례를 말하도록 한다. 이 방법을 약간 변형하여 어린이들에게 허공에 철자를 바르게 쓰는 차례를 손짓하게 한다. 이 방법을 약간 변형하여 어린이들에게 허공에 철자를 크게 써보게 한다.
(라) 철자를 반복하여 연습시키고 크게 소리 내어 철자 쓰기 절차를 말하

(마) 어린이들에게 눈을 감게 한 후 철자를 화려한 색깔로 그려 보도록 한다.
　(바) 철자를 스스로 쓰게 한 후 정확하게 썼는지를 확인하도록 한다.
　(사) 철자를 몇 번 반복하여 연습하게 한 후 철자 쓰는 차례를 속으로 반복해 보도록 한다. 이제 어린이들은 스스로 철자를 잘 쓸 수 있을 것이다(부진아는 최소 30회 이상 Feed back을 시켜야 함).

(2) 글쓰기 지도

(가) 쓰기 전략

　글쓰기 지도를 효과적으로 하기 위한 모형으로서 Graham(1987)등이 제안하고 있는 자기-조절 전략 개발 모형을 변형하여 우리 실정에 맞게 하였다.

　① 1단계 : 초기 설명

　교사는 어린이들에게 작문을 잘하는 방법을 가르쳐 주겠다고 설명한다. 그런 다음 어린이들에게 글쓰기에 무엇을 알고 있는지 말하게 한 후 쓰기 방법을 배우는 목표에 대하여 논의한다. 그리고 어린이들이 협동케 하여 글쓰기 전에 알아야 한다고 설명을 해 준다.

　② 2단계 : 어린이들에게 글의 일부를 제시하고 이 글을 자기가 읽은 책의 내용과 유사한 부분이 있는지 말해보게 한다.

　③ 3단계 : 남의 글 이용하기

　어린이들에게 남의 글 쓴 것을 읽게 하고 처음에는 그대로 쓰게 하고 누가 쓴 글인지 저자 이름을 쓰게 한다.

　④ 4단계 : 남의 글 모방하기

　남의 글을 그대로 쓴 후 어린이가 한 줄만 고쳐 써 보게 한다.

　⑤ 5단계 : 시범 보이기

　남의 글을 가지고 이 문단은 이렇게 고치면 더욱 좋을 것 같은데 너는 어떻게 생각하느냐? 하는 방법으로 '너도 할 수 있다.'는 자신감을 갖게 해 주어야 효과적이다.

　⑥ 6단계 : 자신이 제목을 정하고 써 보기

자기 자신이 제목을 정한 후 세줄 정도의 글을 써 보게 한다. 차차 글의 줄 수를 늘려 나가도록 한다. 특히 여기서 가장 중요한 것은 자신감을 가질 수 있도록 칭찬과 격려를 꼭 해야 한다.

(3) 쓰기를 '시각화' 하기

쓰기를 시각화함으로써 어린이들이 쓰기를 좋아하게 할 수 있으며, 이 방법은 소집단 협동학습으로서 Winebrenner(1996)는 쓰기의 시각화 단계를 변형한 것이다.

❖ 창의적 기법

① 크고 흰 종이에 지네(다른 동물의 그림도 됨)의 몸을 그린다. 이때 지네의 몸은 글을 쓸 수 있을 정도로 커야 하며, 다른 종이에는 지네의 다리를 그리게 한다.
② 지네(다른 동물)의 모양과 특징을 세 가지만 쓰게 한다.
④ 이것을 전체 문장으로 이어보도록 한다.
⑤ 이번에는 지네(다른 동물)의 모양과 특징을 시로 나타내 보게 한다.
③ 창의적 기법(Brain Storming)으로 자유분방하게 허용적 분위기를 조성한 후 여러 사람의 시를 써 보게 한 다음 어린이가 마음에 드는 한 줄씩 모아서 새로운 글을 만들고 제목을 붙여 보게 한다.

8. 일기 쓰기 지도 방법

가. 일기 쓰기의 실패 요인

(1) 글쓰기나 국어 공부를 시키려고 하기 때문이다.
(2) 특별한 일을 쓰라고 하기 때문이다.
(3) 길게 쓰라고 하기 때문이다.
(4) 잠자기 바로 전에 쓰라고 하기 때문이다.
(5) 반성하는 일기를 쓰라고 하기 때문이다.

⑹ 사실만 생각하지 말고 생각과 느낌을 많이 쓰라고 하기 때문이다.
⑺ 일기장에 있는 잡다한 틀 때문이다.
⑻ 일기 검사 때문이다.
⑼ 숙제로 제시하기 때문이다.
⑽ 대신 써 주는 형태가 있기 때문이다.
⑾ 그림 일기로 시작하기 때문이다.
⑿ 어른들이 일기를 쓰는 모습을 모범적으로 보여 주지 않기 때문이다.

나. 일기 쓰는 방법

⑴ 유치부 이하는 그림만 그리는 것이 좋다.
⑵ 1학년은 말을 많이 하므로 말 그 자체의 표현이 일기라고 일러준다.
⑶ 일기 쓰는 것은 초등학교 1학년 6월 중순에 적극적인 연습을 하여 7월초부터 간단히 써 보도록 한다.
⑷ 일기를 쓸 때 꼭 알아야 할 일은 다음과 같다.
　(가) 일기는 오늘 내가 겪은 일을 쓰는 것이다.
　(나) 오늘 있었던 일 가운데에 들려주고 싶은 이야기를 말하듯이 써야 한다.
　(다) 오늘 할 수 있었던 일 가운데 실수 한 일, 부끄러운 일도 좋은 일기 내용이 됨을 알려 준다.
　(라) 괴롭거나 답답하고 속상한 일도 좋은 일기감이 될 수 있다.
　(마) 언제 어디에 있었는지도 밝히도록 한다.
　(바) 집에 가자마자 일기를 쓰게 한다.
　(사) 자세히 쓰게 한다.
⑸ 짧은 글쓰기부터 먼저 해 본다.

> ☆ 깜짝 : 바둑이가 깜짝 놀랐습니다.
> ☆ 노래 : 가족들 앞에서 노래를 부릅니다.
> ☆ 전학 : 영수가 전학을 갔습니다.

⑹ 서서히 조금씩 발전시킨다.

(가) 전학 : 우리 반 초록이가 전학을 갈 때 우리는 편지를 써서 주었습니다. 초록이 집이 벽지 공장인데 불이 나서 초록이가 전학을 멀리 갔습니다.

(나) 전학 : 푸른 마음 모둠 식구인 초록이가 전학을 가는데 기영이가 울었습니다. 공우남이도 울라 카고 같은 모둠이 아닌 정승이가 책상에 머리를 박아서 아이들이 놀렸습니다.

(7) 최초 일기문의 예

---

10. 17(금), 맑음

오늘 낮에 내하고 내 동생하고 메뚜기를 자부러 갔습니다. 오늘 비가 안 와서 숙제를 못하고 메뚜기를 자받는 것뿐입니다. 그런데 메뚜기가 너무 잘 뛰었습니다. 내가 놓치지 않으려고 애를 쓰면 따라 갔다. 내가 시장 쪽으로 자꾸만 가보니 풀이 많이 이섰다. 그 풀을 발로 차보니 메뚜기가 많이 이섰다.

4시 40분에 시작, 5시에 끝남

---

(8) 일기는 날씨가 변화무쌍하므로 날씨 변화를 그대로 쓰면 일기는 누구에게나 들려주고 싶은 이야기를 솔직히 쓰게 한다.

(9) 말하고 대답한 내용도 일기로 적게 한다.

2006. 2. 13(월), 비오다가 그침

고모

오늘 낮에 고모가 오셧다. 내일 아침에 얼음지치기를 하러 가자고 하셨다. 우리 가족들은 모두가 찬성을 하였다. 우리 어머니게서는 일부러 휴가라면 좋다고 하셨다.

"야! 신난다."

우리 가족 모두가 놀려 간다. 빨리 내일이 되었으면 좋겠다.

6시 → 6시 20분

---

(10) 칸 노트에 쓴 것은 띄어쓰기, 바르게 고쳐 쓰기 등을 지도하고 칭찬의 글을 반드시 써 주도록 한다.

(11) 부진아도 할 수 있다는 신념을 심어 준다. 그리고 끝에 시작한 시각과

일기를 종료한 시각을 써 보도록 한다.

> 2005. 12. 30. 많이 추다.
> 나는 오늘 학원 마치고 옆지 민아 어머니를 바숩니다. 인사를 하니 학교 마치고 오나 켔다. 엄마가 발레를 해서 인사를 햇다. 정년이 학교 가다 오는 길이구나.
> "참 하구나"
> 하셧다. 기분이 매우 좋앗다.
> (시작 4시 35분, 다 쓴 시각 5시)

(12) 무엇을 어떻게 쓰는가를 잘 말하여 줍니다.

날씨 쓰기, 일기감 고르기 등에서 쉽게 출발하여야 합니다.

> 2005. 12. 5. 매우 쌀쌀한 날씨다.
> 오늘은 일기가 쓸 것이 없어서 큰일이라고 생각했다. 그런데 일기 쓸게 없어서 어머니한테 갔다. 그런데 나는 어머니한테 이렇게 말했다.
> "어머니, 일기 쓸게 없어요."
> 하고 말했다. 또 어머니가 이렇게 말했다.
> "일기 쓸게 왜 없어, 많이 있지."
> 나는 "안 많아요. 업서요."
> 했다. 어머니는 조금 있다가
> "일기 쓸게 없는 게 일기 쓸 게다."
> 하고 말을 햇다. 또 어머니는
> "임마, 지금 내하고 이야기하고 있는 걸 쓰면 된다 말이다. 수십장은 쓰겟다."
> 하고 말했다. 나는
> "아하!"
> 이렇게 말하면서 일기를 썻다.
> (7시 30분에 써서 8시에 끝나다.)

다. 일기 쓰는 평가

(1) 날씨를 자세히 썼는가?
(2) 글감을 한 개 내지 세 개 골라서 썼는가?
(3) 글감을 고른 기준이 모두 맞는가?
(4) 때를 자세히 밝혀서 썼는가?
(5) 장소를 정확히 썼는가?
(6) 겪어 보기로 하고 썼는가?
(7) 자세히 썼는가?
(8) 시작할 때 첫 칸을 띄우고 썼는가?
(9) 말이 안 되는 곳은 없는가?
(10) 어려운 한자말이나 서양말은 쓰지 않았는가?
(11) 문장 부호, 문단은 나누었는가?
(12) 처음 일기를 시작한 시각과 다 쓴 시각을 표시했는가?
(13) 일기를 쓴 뒤에 읽어 보았는가?(고친 흔적이 있는가? 예: 말을 ⑲다.) 단 고친 곳을 그대로 두어야 하고 지우개로 지우고 새로 쓰지 않도록 지도한다.
(14) 일기를 집에 가자마자 썼는가?

라. 일기감의 예

(1) 재미있는 놀이 이야기, 공부한 이야기, 집안 일 돕기, 심부름
(2) 싸움, 화났던 이야기, 먹는 이야기, 숙제한 이야기, 과외, 학원 이야기
(3) 식구들 이야기, 걱정한 이야기, 만든 이야기, 그린 이야기, 혼자 어려운 일을 해낸 이야기
(4) 신기하고 궁금한 이야기, 칭찬이나 벌 받은 이야기, 어른들을 비판한 이야기
(5) 어려운 사람을 도와준 이야기, 고마웠던 이야기, 동생 이야기, 자기 소원 이야기
(6) 친척 집안 이야기, 아버지 일터 찾아간 이야기, 애완 동물 이야기

(7) 소리 듣고 쓴 글, 선생님 이야기, 학교 오가는 길에 재미있었던 이야기
(8) 눈으로 본 이야기, 밥 먹은 이야기, 숙제한 이야기 등
(9) 종합 학습 일기장으로 쓰게 되면 일기 쓸 글감은 너무 많은 장점이 있다.

마. 종합 학습 일기장 지도 방법

(1) 취지

Ebbinghaus의 망각 곡선에서도 수업 직후에 학습량의 약 절반 이상을 망각하는 것이 상례이다. 또한 방과 후는 특기·적성 교육에 치중하여 기초·기본 학력에 문제가 제기되고 있다. 따라서 자기 전에 생활 일기를 겸해서 학습 내용까지 스스로 적고 종합 반성을 하여 사고력 및 창의성을 높이는 한편, 학습 효과를 극대화하고 일기도 잘 쓸 수 있게 되며, 학력도 매우 신장시키는데 효과가 있다고 하겠다.

(2) 기록 방법 및 내용

(가) 기록 방법

가정에서 자기 직전에 그날의 학습 내용 중에서 필수 학습 요소를 생각하여 일기 형식으로 생활 일기를 겸하여 기록한 후 스스로 참고 자료를 보고 새롭게 알게 된 점과 종합 반성을 기록하여 학습 파지 효과를 높이는데 있다.

(나) 기록 내용
① 당일 학습 내용 중에서 가장 인상에 남는 것
② 새로 익힌 원리 법칙
③ 실험, 실습, 관찰한 것 중 신기하게 느낀 것
④ 기능 습득 과정 및 요령
⑤ 창작 활동 중에서의 작품 또는 NIE학습 내용
⑥ 학습 시간에서의 재미있는 장면의 묘사
⑦ 테마 중심 생활 일기 마지막에 적기

(3) 학년별 중점 기장 내용

학년	내 용	비 고
1년	바른 글씨 쓰기, 간단한 생활 일기 쓰기	
2년	중요 학습 내용 바른 글씨 쓰기, 간단한 생활 일기	
3년	차시별 학습내용 간략히 적고 느낀 점 쓰기 간략한 테마 생활 일기 쓰기	
4-6	사고 활동을 조장할 수 있는 형식을 갖춘 종합적인 학습일기로 기장 후 테마 생활 일기 덧붙이기	

(4) 지도 및 평가 관점

(가) 지도 및 평가 관점

  1) 지도

    가) 학년별 담임이 매일 5 ~ 6명씩 개별 지도를 주 2회 한다.

    나) 능력별 3개 집단으로 나누어 기장하게 하며, 향상이 되면 수시로 상위 집단으로 이동시키고 구체 내용은 다음과 같이 한다.

학 년	상	중	하
1-3년	그날 배운 모든 교과	2개 교과	1개 교과
4-6년	〃	3~4개 교과	1~2개 교과

  2) 평가 및 평가 관점

    가) 평가 관점

학 년	평가관점	구 분
1학년	○ 바른 글씨 쓰기 평가 관점 5가지가 맞고 생활 일기를 맞게 기록하고 15장 이상 기록	금 상
	○ 바른 글씨 쓰기 평가관점 4가지가 맞고, 생활 일기가 3줄 이상 쓰고 10장 이상 기록	은 상
	○ 바른 글씨 쓰기 평가 관점 2~3가지가 맞고, 5장 이상 기록했을 때	동 상
	○ 바른 글씨 쓰기 평가 관점 1가지 미만, 요점, 생활 일기 쓰기가 2줄 이하이고 5장 미만일 때	장려상

2학년	○ 바른 글씨 쓰기 평가 관점 5가지가 맞고, 교과별 요점이 모두 들어 있고 15매 이상일 때	금 상
	○ 바른 글씨 쓰기 평가 관점 4가지가 맞고, 교과별 요점이 1~2교과 들어 있고 10매 이상일 때	은 상
	○ 바른 글씨 쓰기 평가 관점 2~3가지가 맞고, 교과별 요점에 1개 이하이며 5매 이상일 때	동 상
	○ 바른 글씨 쓰기 평가 관점 1가지가 맞고, 교과별 요점이 없을 때	장려상
3-6년	○ 기록 내용 6가지 충족, 느낌, 반성이 있으며 테마 일기가 종합적으로 기록되어 반성이 있고 30매 이상일 때	금 상
	○ 기록 내용 4~5가지 충족, 느낌, 반성이 있으며 테마 일기가 종합적으로 기록되어 반성이 있고 20매 이상일 때	은 상
	○ 기록 내용 2~3가지 충족, 느낌, 반성이 있으며 테마 일기가 3줄 이상 기록되어 반성이 있고 10매 이상일 때	동 상
	○ 기록 내용 1가지 충족, 느낌, 반성 중 1가지 이하일 때이며, 5매 이하 기록	장려상

나) 매 분기 또는 학기말 종합 학습 일기장을 수합하여 학년별로 지도 내용을 기록한 후 평가 관점에 의거 금상, 은상, 동상, 장려상을 시상하되 금상은 교장, 교감이 지도를 한 후 강화를 하여 준다.

❂ 학년별 종합 학습 일기장 쓰기 사례

(가) 1학년 종합 학습 일기장의 예

오늘 아침은 몸이 매우 가벼웠습니다. 국어 시간에 친구 이름과 시 제목, 느낀 점에 대해 공부하였는데 나는 친구 이름을 민은기라고 하고 시 제목은 아기 손, 느낌은 귀여운 아기손이 생각났다. 라고 적었다. 집에 가서 '어머니께 학교에 다녀왔습니다.' 하고 인사를 하니 인사를 잘한다고 칭찬을 해 주셨다. 항상 부모님의 말씀을 잘 들어야 한다고 생각했다.

(나) 2학년 종합 학습 일기장의 예

오늘 첫 시간에는 재미있는 풀이름에 대해 공부하였는데 애기 똥 풀에 대한 내용으로 아기 똥 같다고 해서 붙인 이름이라고 하셨다. 열매는 찢이겨서 벌레 물린 곳에 바르면 잘 낫는다는 것을 알았다. 다음은 수학 시간으로 곱셈 구구를 하였는데 표를 만들어서 잘 생각 하면서 외우니 참 재미있었다.

　오늘은 몸이 아픈 친구의 가방을 들어 주었다. 남을 돕는다는 생각을 하니 기분이 매우 좋았다. 즐거운 하루였다.

(다) 3학년 종합 학습 일기장의 예

　1블럭 첫째 시간이 국어 시간이었는데 아리랑에 대하여 조사를 하였다. 각 분단별로 조사 내용이 달랐다. 우리 분단은 아리랑을 조사하였는데 아리랑을 지은 사람이 없었으며, 아리랑에 대해 전해 오는 이야기는 옛 어른들의 힘들었던 시절에 누군가가 불렀던 것이 온 나라에 퍼져 진 것이라고 여겨진다. 수학 시간에는 재미있는 놀이를 하였다. 짝 끼리 놀이를 하였는데 나는 문제를 잘 풀어서 이겼다. 그러나 친구에게 다음에는 나를 이길 수 있다고 말렸다.

　친구와 작은 일을 가지고 말다툼을 하였다. 내가 먼저 카드를 가지고 놀려고 하니 친구가 먼저 하려고 해서 서로 다투었다. 가만히 생각하니 내가 양보하였더라면 하고 반성을 하였다.

(라) 4,5,6학년의 종합 학습 일기의 예(A형)

　❊ A형은 한 시간의 중요 내용을 적고 자기의 생각을 곁들인 내용이다.

4. 29(수) 맑음　　　　　　　　　　　　　　　　제4학년 ○ ○ ○

　상쾌한 아침 교실에 들어서니 무척 조용했다. 수학 5, 사회 3, 과학 2문제가 있었다. 다른 것은 쉽게 풀 수 있었으나 사회에서 대전의 발전과 섬진강댐의 이용에 대한 답을 쓰기가 어려웠다. 대전의 발전은 110년 전은 한밭, 85~95년 전은 경부, 호남선 철도가 놓였고 70년 전은 도청 소재지가 되고 30년 전은 경부, 호남고속국도가 지나고 대덕 연구 단지가 만들어지게 되었다. 1989년은 직할시가 되었다. 다시는 잊지 않겠다는 생각이 들었다.

　첫째 시간은 사회 시간인데 광주 권을 배웠다. 광주 권은 광주와 그 둘레의 지역을 말하며 무등산 수박은 전국에서 유명하고, 동진강, 만경강 유역의 호남평야, 영산강 유역의 나주평야가 있음을 알게 되었다. 동쪽에는 노령, 소백산맥이 있고 섬진강 유역에는 계단식 논과 비가 많이 온다는 것도 알게 되었다. 섬진강 유역에는 비가 많이 오는 대신 논이 적은데 이 물을 동진강에 끌어 호남평야를 적셔 주지만 또 다른 방법으로 사용할 수 없을까 하는 생각을 해 보았다.

둘째 시간은 국어인데 배운 요점이 잘 생각나지 않아 참고서를 보고 익힌 후 써 보았다. 생활 일기 쓰는 요령에 대한 것이다. 그 요령은

1. 하루생활 중에 기억에 남는 일 자세히 적기
2. 누가, 언제, 어디서, 무엇을, 어떻게 왜 했는지 쓰기
3. 한 일, 들은 일, 생각한 일 쓰기 등이 주요 학습 내용이었다.

셋째 시간은 과학시간이었다. 간단한 시험을 쳤는데 빗물이 흘러가는 곳은(단단한 곳이나 경사진 곳), 괴는 곳(패인 곳이나 웅덩이가 진 곳)의 문제가 틀렸다.

자세히 읽지 않았던 것이 나의 실수였다. 너무 쉬운 것이어서 슬쩍 넘어간 것이 내가 잘못한 것이라 여겨진다.

넷째 시간은 수학 시간이었다. 700×58이었다. 여러 가지 방법으로 계산하여 보았는데

①　　700
　　×　58
　　─────
　　　5600
　　　3500
　　─────
　　 40600

② 700×58 = (700×50) + (700×8)
　　　　　 = 35000+5600
　　　　　 = 40600

③　　700
　　×　58
　　─────
　　 40600

등의 세 가지 방법으로 배웠다.

또 다른 방법이 없을까 하는 생각을 해 보았다.

④　　700
　　×　58
　　─────
　　　　 0
　　　5600
　　 35000
　　─────
　　 40600

의 방법이 생각났다. 또 다른 방법이 없을까 하고 곰곰히 생각을 해 보았다.

다섯째 시간은 음악 시간인데 계명창과 기악 합주인데 계명창은 쉬웠으나 기악 합주에서 나는 큰북을 치게 되어 영광으로 생각하고 열심히 쳐서 큰 칭

찬을 선생님으로부터 받았다.

　오늘은 사회과의 학습 내용이 힘이 들었지만, 열심히 오후 자율학습 시간에 조금씩 봐 둔 것이 일기 쓰는데 도움이 되었으며, 음악과 큰 북치는 재미도 아주 좋았다. 집에 가서는 자전거를 타고 두부와 멸치를 사 가지고 오라는 어머니의 심부름이었다. 나는 '예, 다녀오겠습니다.'하고 시장에 가서 두부와 멸치 모두 2,500원어치의 음식물을 사왔다. 방 청소를 하고 오늘 나의 반성 시간을 가져보았다. 종합 학습 일기를 쓰면서 사람은 언제나 부지런해야 한다는 아버지의 말씀이 떠올라 앞으로는 더욱 부지런하고 정직한 사람이 되어야겠다고 굳게 다짐을 하였다. 오늘은 좋은 날이라 생각하면서 하나님께 감사드렸다.

　(마) 4,5,6학년의 종합 학습 일기의 예(B형)
　　❋ B형은 시간별로 공부한 요점을 적고 맨 나중에 전체 교과를 통합해서 자신의 의견을 적은 것이다.

4월 29일(맑음)　　　　　　　　　　　　　　　　　제4학년 ○ ○ ○
　오늘은 약간 교실이 소란했다. 회장으로서 조용히 하자고 했다. 자습 문제 중에는 700×800의 계산에서 (7×8)×(10×100)의 과정이 잘 안되었다. 틀려 버렸다.
　첫째 시간에는 국어인데 말하기, 듣기 5단원을 배웠다.
　① 빗대어 나타내기 → 어떤 느낌을 나타낼 때 나타내려고 하는 일이나 내용을 다른 것에 - 빗대어 말함으로써 알기 쉽게 좀 더 멋있게 쓰는 방법
　　　　　　　　　○말의 효과를 더욱 높이는 방법

둘째 시간에는 과학인데
　① 빗물이 흘러가는 곳 : 경사진 곳, 단단한 땅 위
　② 빗물이 괴는 곳 : 땅이 패거나 움푹 들어간 웅덩이
　③ 직접 나가서(교문 앞) 관찰했다.

셋째 시간은 즐거운 음악시간이었다.
　기악합주인데 멜로디언, 큰북, 작은북, 리코더, 실로폰 등의 악기로 연주하였는데 특히 큰북이 나에게 분담되었을 때가 가장 신이 났다. 언제나 음악시간이 되면 신이 난다. 노래를 부르면서 기악 합주를 하니 더욱 신이 나는 것 같았

다. 특히 겹리듬 3/4박자 빠른 부분이 힘이 들었다.

넷째 시간은 체육 시간인데
4. 움직이는 모양에 대해서
① 깃발을 흔들 때 - 바람을 많이 받기 때문에 흔들린다.
② 직접 움직여 보았다.
다섯째, 여섯째 시간은 미술시간이었다.
① 봄 동산 모습을 화면 구성을 하는 방법을 배웠다.
② 주제를 어떻게 잡느냐 하는 문제가 제기 되었다.

오후 종합 자율 학습 시간에 오늘 배운 내용을 공부해 보았다. 다른 것은 쉽게 되었는데 국어 시간에 빗대어 나타내기가 잘 안되었다. 선생님께 여쭈었더니 다음과 같이 말씀을 해 주셨다.

"요전번에 벚꽃이 활짝 피었다. 마치 학교가 꽃 속에 묻혀 <u>아름다운 천사의 나라 같았으며 아름다운 나비가 떼 지어 있는 것 같았다.</u>"라고 하셨다. 내일 자율 학습 시간에는 나도 선생님과 같이 꼭 빗대어 쓸 수 있도록 연습을 해야겠다. 체육 시간에 깃발 흔들기 흉내 내기는 쉬워 보였으나 직접 하여 보니 잘 되지 않았다. 거울을 보고 집에서 해보니 동작 중에서도 고칠 점을 나 스스로 발견할 수가 있었다.

오늘은 친구와 점심 시간에 고무줄 놀이를 하였다. 나는 음악에 맞추어 끝까지 하다가 한 번 실수를 하였다. 영숙이는 잘도 하였다. 영숙이에게 고무줄 놀이하는 방법을 가르쳐 달라고 졸랐다. 영숙이는 서슴없이 잘 가르쳐 주었다. 정말 좋은 친구라는 생각이 들었다. 영숙이에게 공부 시간에 안 되는 것은 쉬는 시간에 가르쳐 주었더니 정말 고맙게 생각하였다. 서로 도우며 살아가는 것이 사람이라는 것을 새삼 느끼게 되었다.

9. 원고지 쓰는 법

가. 원고와 원고지

1) 원고의 정의

(인쇄물의 본 보기를 삼기 위하여) 일정한 종이에 써 놓은 글이나 그림
   가) 초고(草稿) : 초벌로 쓴 글의 원안을 말한다.
   나) 퇴고(推敲) : 한번 쓴 글을 다시 읽어보면서 잘못된 곳, 표현이 어색한 곳, 불필요한 어구 등을 바로 잡는 정리 작업이다.
   다) 교정(校正-바로잡기) : 맞춤법, 띄어쓰기, 활자크기, 문장 부호, 줄바꿈, 오자, 탈자, 어색한 표현 등을 바로잡는 작업을 말한다.
   라) 교정(校訂-뜯어고치기) : 출판물에 잘못된 글귀 따위를 바르게 고치는 작업으로 국어 문법이나 몇 가지 전문 분야에 대한 지식을 갖춘 사람만이 할 수 있다. 교열(校閱)이라고도 한다.
   마) 정서(淨書) : 깨끗이 옮겨 쓰는 일을 말한다.

2) 원고지

   가) 원고지의 정의 : 원고를 쓰는 일정한 규격의 종이로서 본래 명칭은 원고용지(原稿用紙)이다
   나) 원고지의 종류
     (1) 일반 용지 : 200자(20×10), 400자(20×20 또는 25×16) 600자(25×24 또는 20×30) 원고지
     (2) 특수용지 : 100자(10×10, 또는 20×5), 150자(15×10), 300자(15×20) 750자(25×30), 1000자(20×50 또는 25×40) 등이 있다.

다) 원고지의 선택 기준

(1) 원고지의 크기

원고지는 크기에 따라 다음과 같이 나눈다.

구 분	출판물의 판형	크기	절수	
			4·6판 전지	5·7판 전지
B4판 원고지 용지	타블로이드 판	364×257	8절	-
B5판 원고지 용지	4·6배판	257×182	16절	-
A4판 원고지 용지	5·7배판(국배판)	297×210	10절	8절
A5판 원고지 용지	5·7판(국판)	210×148	25절	16절
특제 원고지 용지	-	-	-	-

(2) 원고지의 지질 : 표면이 알맞게 거칠고 쉽게 찢어지지 않으며 퇴색되지 않는 중질(中質)의 양지(洋紙)를 선택한다.

(3) 원고지의 바탕 색깔 : 상아빛 계통의 밝은 빛깔이 좋다.

(4) 원고지의 괘선 빛깔 : 부드럽고 가벼운 느낌을 주는 쑥빛이나 연두빛이 이상적이다.

(5) 원고지의 세부 명칭(200자 원고지 가로쓰기용 기준)

　㉠ 칸

　㉡ 행(줄) 20칸의 박힌 한 줄

　㉢ 행 간 : 행과 행 사이의 여백으로서 글을 다듬고 고치거나, 밑줄, 강조점 등을 찍는 곳

　㉣ 퇴고란 : 글을 다듬고 고칠 때 이용하는 사방 난외 여백 및 행간

　㉤ 각주란 : 본문 중 어떤 부분의 뜻을 보충하거나 풀이하기 위한 글을 쓰는 난(欄)

　㉥ 번호란 : 일련 번호를 적어 전체 분량을 나타냄

　㉦ 칸수표시 : 가로 20칸, 세로 10행의 200자 원고지임을 표시

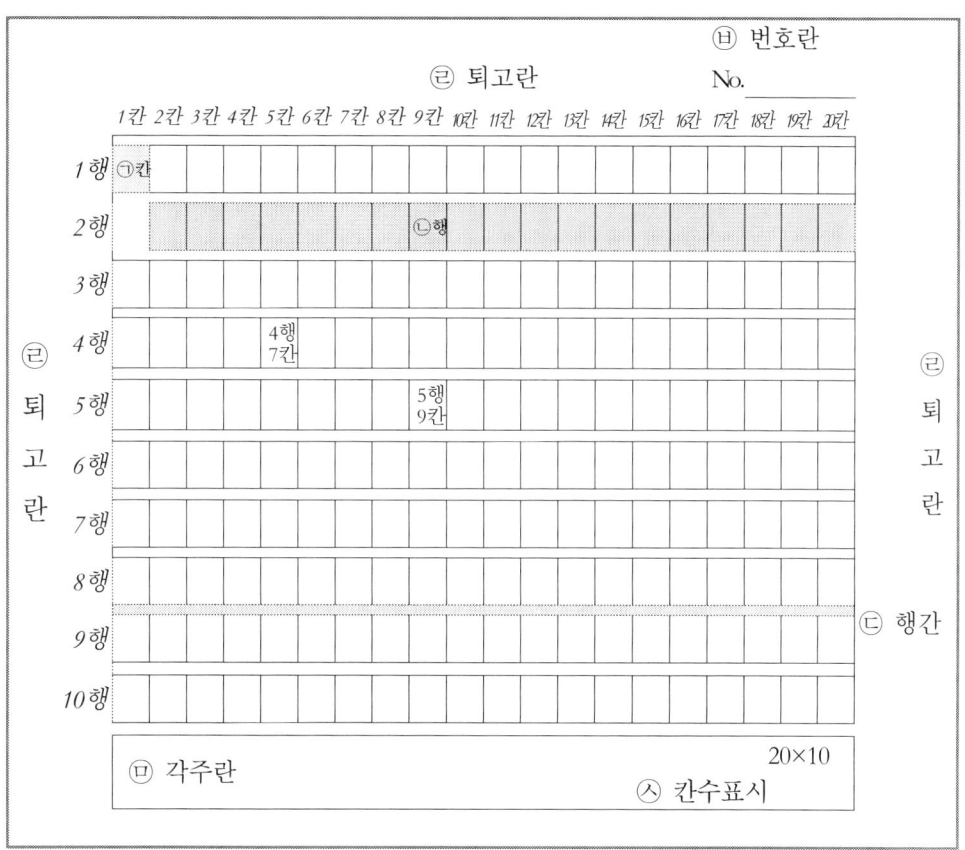

3) 원고지 사용의 좋은 점

　가) 쓰는 사람의 입장에서
　　(1) 정서법(正書法)을 바르게 익힐 수 있다.
　　(2) 퇴고와 교정이 용이하다.
　나) 보는 사람의 입장에서
　　(1) 문장의 격식을 쉽게 알아 볼 수 있다.
　　(2) 원고 분량의 계산이 편리하다.
　　(3) 인쇄할 때에는 편집 문선(文選), 조판하기에 편리하다.

4) 원고지 쓰기의 기본 요건

　가) 맞춤법, 띄어쓰기를 정확히 한다.
　나) 필체에 신경을 쓴다.
　다) 원고지 쓰는 격식에 맞추어 쓴다.

나. 원고지 사용법

1) 표제지(表題紙) 꾸미기

　가) 표제지는 원고지 두께 정도의 깨끗한 별도의 흰 종이를 사용한다.
　나) 웅변 원고, 식사문, 독서 감상문 등은 등단하기 쉽게 켄트지를 사용한다.
　다) 표제의 예

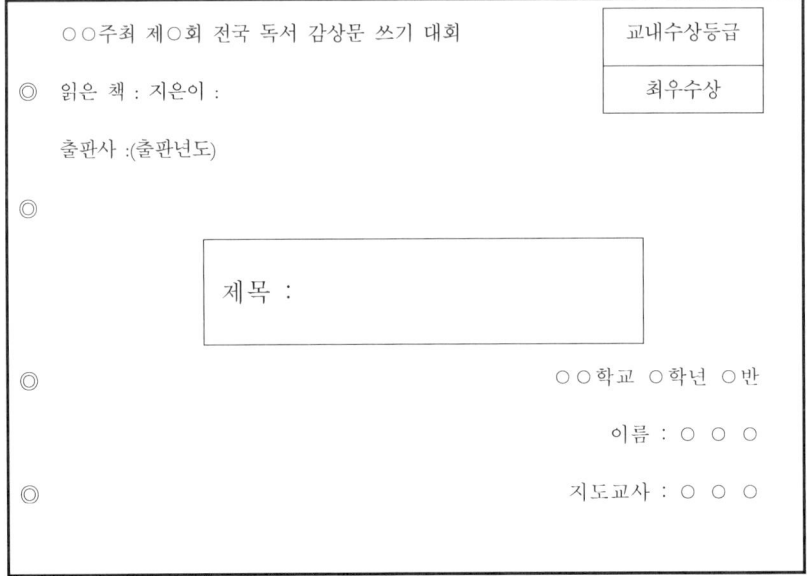

2) 원고지의 첫머리 쓰기

　가) 1행 2칸부터 <소설>, <시>, <독서 감상문>, <일기>, <기행문> 처럼 글의 종류를 표시한다.

예1) | 독 | 서 | 감 | 상 | 문 |

예2) | < | 수 | 필 | > |

*예1)과 같이 적을 수도 있으나 < > 안에 넣어 쓰면 구별되고 보기에도 좋다. 단, | ※ | 수 | 필 | , | | " | 수 | 필 | " | 처럼 기호(嗜好)에 따라 하려면 글자만 써 넣는 것이 오히려 낫다.

나) 제목과 부제
  (1) 제목은 2행 중심부에 놓이게 하되, 제목이 두 글자 일 때는 두어 칸 벌려 써서 답답하지 않게 한다.
  (2) 제목의 글자를 한 칸에 한자씩 쓴다.
  (3) 제목에는 ,표, ?표, !표, ……, 를 사용하지 않는다.

예1) | < | 시 | > |
    | | | | | | | | 아 | , | | 이 | 승 | 복 |

예2) | < | 독 | 서 | 감 | 상 | 문 | > |
    | | | | 가 | 장 | | 인 | 간 | 다 | 운 | | 마 | 음 | 으 | 로 |
    | | | | | | | | | 살 | 려 | 고 | | 한 | | 사 | 람 | 은 | ? |

다) 소속과 성명

(1) 소속의 끝 글자 바로 밑에 성명의 끝 글자가 오게 하여 위와 아래를 가능한 맞추고 끝 글자 뒤에는 두 칸 비운다.

(2) 학교 이름이나 주소가 길 경우는 세 줄을 잡아 쓸 수 있다.

			<	독	서	감	상	문	>					
				가	장		인	간	다	운		마	음 으 로
								살	려 고		한		사	람
								경	산	시		○ ○	초	등 학 교
								6 의		1		반		○ ○

3) 본문 쓰기

가) 한 칸 한 자의 원칙 – 원고지에는 반드시 한 칸에 한 자씩만 쓴다.

나) 로마 숫자, 영어의 대문자는 한 칸에 한 자를 쓰되, 아라비아 숫자, 영어의 소문자는 한 칸에 두 자씩 쓴다.

다) 단위를 나타내는 명사는 예)5와 같이 띄어 쓰되, 숫자가 어울리어 쓰이는 경우(예, 삼학년, 육층, 제 1 실습실, 두시 삼십분 오초)는 붙여 쓸 수 있다.

라) 한 칸 들여 쓰기는 글이 시작, 문단이 바뀔 때마다 그 행의 첫 칸을 비운다.

		<	소	설	>								
					등	신	불	(	等	身	佛	)	
								김	동	리	(	金	東	里	)
	등	신	불	은	,	양	자	강		북	쪽	에		있	는		정	원	사
의		금	불	각		속	에		안	치	되	어		있	는		불	상	의
이	름	이	다	.	등	신		금	불		또	는		그	냥		금	불	이
라	고		불	렀	다	.							
	그	러	니	까		나	는	,	이		등	신	불	,	등	신		금	불

마) 내화는 반 줄을 잡아 쓴 뒤 전체를 한 칸씩 들여 쓴다.

칠		년		전	에		벌	써		허	리	가		굽	고		검	버	섯
이		돋	은		얼	굴	이	었	다	.									
	"	장	가		안		들	었	냐	?	"								
	잠	시		후	에	,													
	"	들	었	다	.	"													
	"	누	구	와	?	"													

바) 인용 부호는 사용하지 않을 때, 위 아래로 한 줄 씩 비운다.

			원	관	념	을		표	면	화	하	지		않	고		보	조		관	념
만	으	로		어	떤		의	미	를		나	타	냄	으	로	써	,		말	하	
고	자		하	는		내	용	을		간	접	적	으	로		드	러	내	는		
방	법	을		풍	유	법	이	라		한	다	.									
			선	무	당	이		사	람		잡	는	다	.							
			천	리		길	도		한		걸	음	부	터	.						
			속	담	,		격	언	,		우	화	,		교	훈	담		등	은		모	두
풍	유	법	에		의	하	여		이	루	어	진	다	.		이	면	에		숨	

사) 항목별로 나열할 때는 한 칸씩 들여 쓴다.

1	.	다	음		명	사		중	에	서		고	유		명	사	를		찾
아		보	자	.															
	(1)		책	,		꽃	,		이	순	신	,		사	람				
	(2)		사	랑	,		정	성	,		행	복	,		백	두	산		

아) 인용문에서 문단이 바뀔 때, 두 칸 들여 쓴다.(시, 시조, 노랫말 등)

다	.	그	러	기	에	,	다	시	금		뜨	거	운		생	각	이		가
슴	을		치	민	다	.												
		대	대	로		물	려	받	은		조	국		강	산	을		
		언	제	나		잊	지		말	고		노	래		부	르	자	.	
		높	은		산		맑	은		물	이		우	리		복	지	다	.
		어	느		곳		가	서	든	지		노	래		부	르	자	.	
나	는		옛	날		부	르	던		노	래	를		목	청	껏		부
르	면	서		산	굽	이	를		돌	아		간	다	.		배	달		겨	레

자) 처음 시작되는 문단을 제외하고는 첫 칸을 비우지 않는다.

등	신	불	은	,		양	자	강		북	쪽	에		있	는		정	원	사
의		금	불	각		속	에		안	치	되	어		있	는		불	상	의	V
이	름	이	.		등	신		금	불		또	는		그	냥		금	불	이	
라	고		불	렀	다	.												

차) 띄울 공간이 왼편의 첫 칸일 경우 비우지 말고 오른편 칸 외 여백에 V를 하여 표시만 한다.

도	산	은		이	렇	게		말	했	다	.							
	"	우	리		중	에		인	물	이		없	는		것	은	,	인	물
이		되	려	고		마	음	먹	고		힘		쓰	는		사	람	이	V
없	기		때	문	이	다	.		인	물	이		없	다	고		한	탄	하
는		그		사	람		자	신	이		왜		인	물		될		공
부	를		아	니		하	는	가	?	"									

타) 문맥상 크게 단락을 짓고자 할 때 한 줄 비운다.(큰 문장이나 시를 한 단락 구분 시)

	나	는		내		자	신	도		모	르	는		사	이	에		이	렇
게		목	이		터	지	도	록		소	리	를		지	르	고		싶	었
으	나	,	나	의		목	구	멍	은		얼	어	붙	은		듯		아	무
런		말	도		새	어	나	지		않	았	다	.						
	이	튿	날		새	벽	,	예	불	을		마	치	고		내	가		청
운	과		더	불	어		원	혜		대	사	에	게		아	침		인	사
를		드	리	러		갔	을		때	,	스	님	은						
	"	어	제		금	불	각		구	경	을		갔	었	니	?	"		
하	고		물	었	다	.													

파) 우리 글자 대신 한자를 쓰는 경우

						산		찾	아		물		따	라					
													○		○		○		
	산		밑	에	는		水	가		흐	른	다	.	水		따	라		가
면		거	기	는		또		산	이	다	.	산		넘	고		水		건
너		다	른		세	계	는		우	리		청	소	년	들	이		동	경

4) 문장 부호

가) 문장 부호 표시법 및 명칭

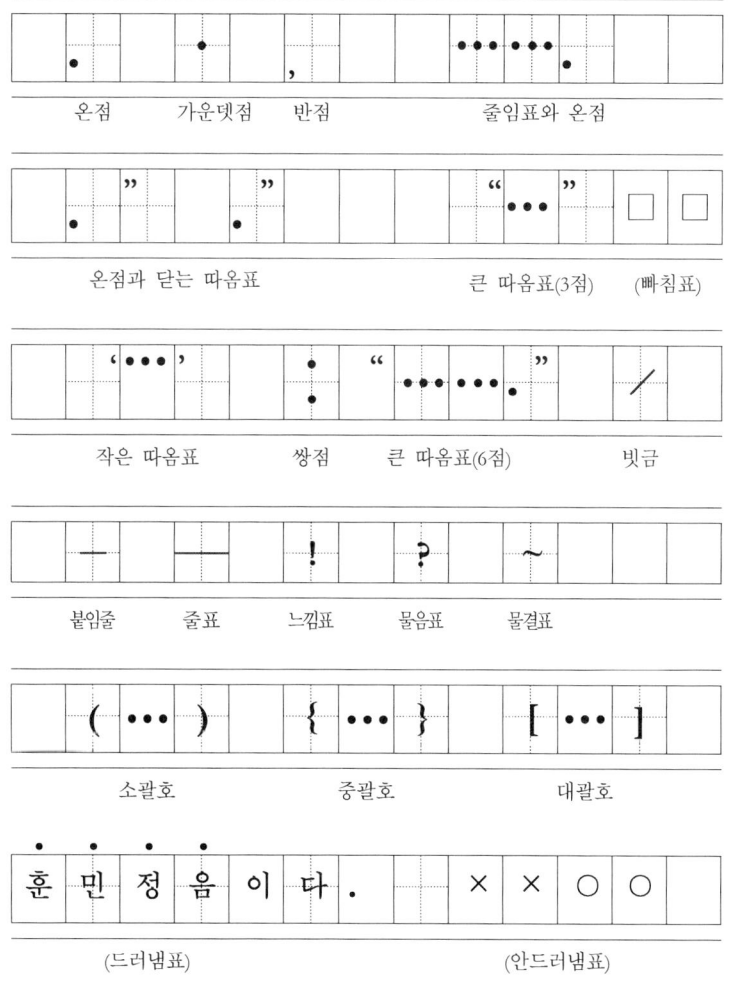

나) 한 칸 한 부호의 원칙 - 문장 부호도 한 글자로 취급한다.

다) 두 칸 이상을 차지하는 부호

예1) 나는 지금 사랑스러운 하느님 —— 위엄뿐만의 무서운 하느님이 아니고 —— 의 지는 얼굴에 예배하고 있다.

예2) "흥……."

라) 연속되는 부호

예1) "……무궁화 삼천리 화려 강산……."

예2) 6·25 돌발 당시 ——

예3) " '간' 은. '가' 에 'ㄴ' 을 더한

마) 줄 끝에서의 부호 제외

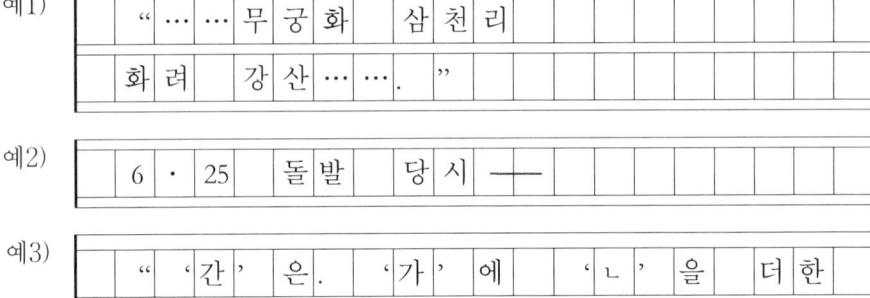

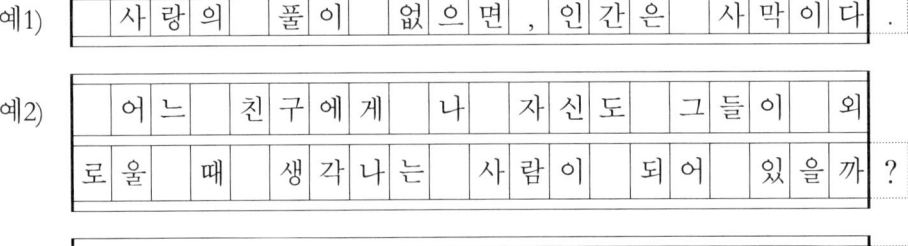

5) 특수물 삽입

가) 종류
  (1) 구두점, 부호, 글자 등 간단한 것의 삽입
  (2) 상당한 분량의 내용을 보충하는 긴 문장 삽입
  (3) 사진, 그림, 표 등의 특수물 삽입
나) 본문과 함께 바로 원고지에 붙이고 삽입물에 대한 제목은 본문과 구분하기 위하여 빨간색으로 삽입물 아래 행간에 걸쳐 쓴다.
다) 원고 교정 부호
  교정은 일일이 잘못된 곳을 지적하여 고칠 내용을 설명하는 것이 아니라, 다음과 같은 일정한 부호를 사용하여야 자기의 의사가 제대로 전달된다.

원고지에 사용되는 교정 부호

부호	이 름	사용하는 경우	표시 방법	읽는 사람이 볼 때
∨	띄움표	띄어 써야 할 곳을 붙였을 때	사랑하는조국	사랑하는 조국
⩝	둠 표	띄어 쓰려다가 다시 원상태로 둘 때	뛰어 오른다	뛰어오른다
∨	고침표	틀린 글자나 내용을 바꿀 때	좋아하면/적었든찮에	좋아하면/적거니
∧	부호 넣음표	밑에 찍는 문장 부호를 넣을 때	믿음소망사랑	믿음, 소망, 사랑
=	지움표	필요없는 내용을 지울 때	너무 대목 고와서	너무 고와서
⌣	넣음표	글자나 부호가 빠졌을 때	까지/언제나	언제까지나
∽	뺌 표	필요없는 글자를 없앨 때	봄이이면	봄이면

□	위치 표시표	특별히 위치를 나타내 주어야 할 때	H O (2 삽입)	H₂O
× =	부호 지움표	잘못 찍은 문장 부호를 지울 때	"창작과 비평" (지움)	'창작과 비평'
∿	톱니표	좀더 간단히 써야 할 때	지나간 수많은 일들이 주마등처럼	평가하는 쪽에서 사용하는 작품 지도 부호
?∿	생각표	말이 이상하고 뜻이 잘 통하지 않을 때	힘을 달려 된다 ?	
⊙	칭찬표	표현이나 생각이 좋아 칭찬할 때	사랑이라는 꽃삽의 로 험한 세상밭을	
─	줄표	좀더 자세히 써야 할 때	사람이 있었다.	

라) 원고 교정의 실례

마) 인쇄 교정

① 인쇄 교정의 원칙

　가) 가장 가까운 위치의 여백에 표시한다.

　나) 교정지의 색과 반대색(주로 빨간색)을 사용한다.

　다) 교차선이 없게 표시한다.

　라) 수정할 위치보다 높은 곳에 기입한다.

　마) 조판된 면을 4등분하여 각각 다른 방향으로 뽑아서 기입한다.

② 인쇄 교정 부호

부호	이름	사용하는 경우	교정의 예
∨	띄움표	띄어 써야 할 곳을 붙여 썼을 때	이때부터
⩔	띄움표	글자 사이를 적당하게 띄어 써야 할 때	이 ∨때부터
⨯	둠표	띄어 쓰려다가 다시 원상태로 둠	뛰어오른다
⌒	붙임표	붙여야 할 곳이 떨어져 있을 때	작은 아버님
⤙	둠표	붙여 쓰려다가 다시 원상태로 둘 때	오륙백 년
∧	부호넣음표	밑에 찍는 문장 부호를 넣을 때	책상 타자 칠판
=	지움표	필요 없는 것을 지울 때	포근하고 따뜻한 사랑
⌒	고침표	틀린 글자를 바꾸라 할 때	공부하며
⌒	넣음표	글자나 부호가 빠졌을 때	언제까
ⓢ	살림표	지운 것을 다시 살릴 때	정말 아름답게
ℓ	바로세움표	뒤집어진 글자나 누운 글자를 바로 세울 때	선생님
ℓℓ	뺌표	필요없는 글자를 없앨 때	선생님과
⌒	바로잡음표	글자가 잘 보이지 않거나 나쁠 때	남대문
∽	자리바꿈표	글자, 단어의 앞뒤 순서를 바꿀 때	내린 어제
←⌐	자리옮김표	왼쪽으로 자리를 옮길 때	← 교정지에
⌐→	자리옮김표	오른쪽으로 자리를 옮길 때	교정지에 →
⌐	줄바꿈표	한 줄로 된 것을 두 줄로 바꿀 때	… 하는 것이다. 그러나
⌒	줄이음표	두 줄로 된 것을 한줄로 이을 때	… 하는 것이다 이것은 모두
⊥	줄고름표	줄이 고르지 않을 때	교정이라는 낱말을
> <	줄넓힘표	줄 사이를 넓힐 때	한국인의 기지와 해학
( )	줄좁힘표	줄 사이를 좁힐 때	한국인의 기지와 해학
⌒	줄 서로 바꿈표	줄을 서로 바꿀 때	누가 살길래, 산 너머 남촌에는
⌒	위치표시표	특별히 위치를 나타내 주어야 할때	한국 중국 일본
⌒고	활자체 바꿈표	고딕체로 바꿀 때	교정의

부호	이 름	사용하는 경우	교정의 예
	활자체 바꿈표	명조체로 바꿀 때	
	활자크기 바꿈표	활자의 크기를 바꿀 때	
책료	책임교료	아직 미심쩍어 인쇄소에서 책임지고 교료할 필요가 있을 때	
교료 O.K	교정완료	교정이 완료되었을 때(교료, O.K. 글자 다음에 도장을 찍는 것이 상례임)	

③ 인쇄 교정의 실례

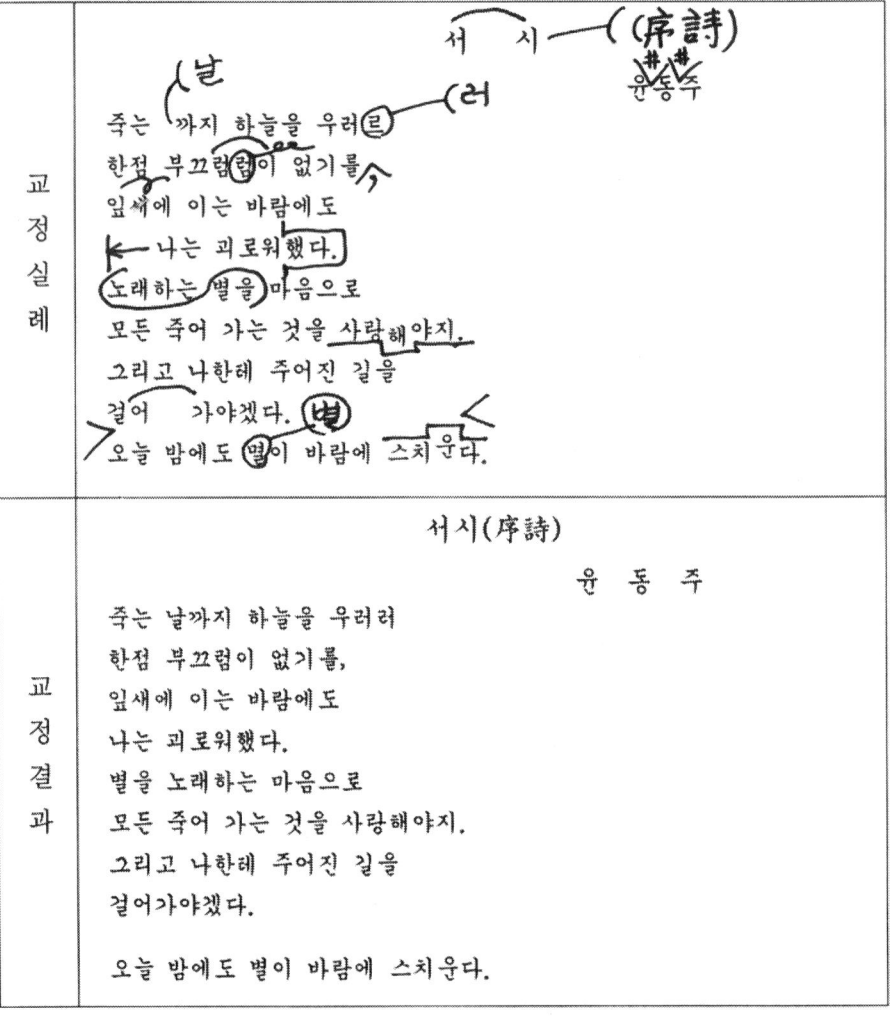

참고 문헌

1. 경상북도교육연구원, 독서 교육의 길잡이, 대구 : 우일출판사, 1999.
2. 교재편찬위원회 편, 글쓰기의 이론과 활용, 서울 : 보고사, 2004.
3. 김관일, 일기는 어떻게 쓸까? 서울 : 교학사, 2000.
4. 김경일, 독서교육론, 서울 : 일조각, 1997.
6. 김선 외, 학습 부진아의 이해와 교육, 서울 : 학지사, 2002.
7. 김숙희·송숙희, 스스로 공부하는 아이로 키워주는 초등학생 학습 혁명, 서울 : 조선일보사, 2003.
8. 김지도, 초등학교 독서 교육, 서울 : 교학사, 1997.
9. 대한총명학회, 공부가 쉬워지고 일이 즐거워지는 두뇌 혁명, 서울 : 조선일보사, 2003.
10. 독서치료 연구회 편, 독서 치료, 서울 : 학지사, 2001.
11. 민병덕 역, 독서의 기술, 서울 : 범우사, 1997.
12. 박영태, 사랑의 학습 지도법, 서울 : 학지사, 1995.
13. 서림능력개발자료실, 독서와 속독의 새 기술, 서울 : 서림출판사, 1996.
14. 신헌재 외 3인, 독서 교육의 이론과 방법, 서울 : 도서출판 박이정, 1997.
15. 국어과 교수-학습 방법, 서울 : 도서출판 박이정, 1996.
16. 손정표, 독서 지도 방법론, 서울 : 학문사, 1981.
17. 안도섭, 책과 어떻게 친구가 될까? 서울 : 소나무, 1993.
18. 이영자 역, 읽기와 쓰기를 즐기는 어린이로 키우는 법, 서울 : 이화여자대학교 출판부, 1996.
19. 정종식, 학교교육 상담을 위한 학습 부진아의 진단과 치료, 서울 : 교육과학사, 1992.
20. 정종진, 학습을 두 배로 증진시키는 두뇌 체조법, 서울 : 여래, 2004.
21. 정찬주 역, 자기 학습 능력의 육성, 서울 : 교육과학사, 1991.

22. 정치희, 원고지 사용법, 서울 : 명지출판사, 1995.
23. 최이정 역, 독서를 좋아하는 50가지 방법, 서울 : 도서출판 문원, 1999.
24. 최홍규 역, 눈 이렇게 하면 좋아진다. 서울 : 평단문화사, 1996.
25. 한철우 역, 독서 지도 방법, 서울 : 교학사, 2000.
26. 홍판식, 밤이 없는 교단, 대구 : 도서출판 그루, 1989.
27. 한국교육개발원, 원고 작성법, 서울 : 민족문화문고간행회, 1986.
28. 한철우 역, 독서 지도 방법, 서울 : 교학사, 2000.

◈ 저자소개

박 대 용

약 력	안동교육대학 졸업
	대구교육대학교 4년 졸업
	대구대학교 교육대학원 졸업(특수 교육 전공)
	청송 진보 외 7개 학교 교사
	울릉 태하, 청도 유천 교감
	울릉, 경산교육청 장학사
	경상북도교육연수원 교육연구사
	경상북도교육청 장학사
	구미시 비산초등학교, 상주시 상희학교 교장
	현 경산 용성초등학교장
저 서	장애아 부모 교육 (1997)
	스스로 하는 공부 (2000)
	특수 교육의 이해 (2000)
	교육 명인의 길 (2003)
	교재연구는 잘 펴진 투망이다. (2003)
	선생님과 부모가 알아야 할 124가지 지도 방법 Ⅰ권, Ⅱ권 (2003)
	특수 아동 부모 교육의 이론과 실제 (2004)
	우리 아이 어떻게 교육할 것인가? (2006)
	특수교육 명인의 길 (2006)
	초등학생을 위한 독서 지도 방법 (2006)

초등학생을 위한

독 서 지 도 방 법

2006년 12월 20일 인쇄
2006년 12월 28일 발행

저 자
박 대 용

펴낸이
김 선 태

펴낸곳
도서출판 태 일 사

주 소
700-803 대구광역시 중구 남산1동 893
전 화 (053) 255-3602
팩 스 (053) 255-4374
등 록 1991년 10월 10일 제6-37호

값 **10,000** 원

ⓒ 박재용 2006   ISBN 89-89023-86-6 93020

◈ 무단복사, 전재를 금하며 잘못된 책은 교환하여 드립니다.